E. BREJON

AVOCAT HONORAIRE

ANCIEN BATONNIER DE L'ORDRE DES AVOCATS DE BORDEAUX

NOTRE-DAME DE LOURDES

Avant les Apparitions de 1858

UN CHAPITRE D'HISTOIRE TOMBÉ EN OUBLI

POURQUOI LOURDES EN FRANCE?

PAUL HERBAYE.

(*La Revue de Lourdes*, août 1924).

AVIGNON

AUBANEL FRÈRES, ÉDITEURS

IMPRIMEURS DE N. S. P. LE PAPE

NOTRE-DAME DE LOURDES

Avant les Apparitions de 1858

E. BREJON
AVOCAT HONORAIRE
ANCIEN BATONNIER DE L'ORDRE DES AVOCATS DE BORDEAUX

NOTRE-DAME DE LOURDES

Avant les Apparitions de 1858

UN CHAPITRE D'HISTOIRE TOMBÉ EN OUBLI

POURQUOI LOURDES EN FRANCE?
PAUL HERBAYE.
(*La Revue de Lourdes*, août 1924).

AVIGNON
AUBANEL FRÈRES, ÉDITEURS
IMPRIMEURS DE N. S. P. LE PAPE

VIRGINI DEIPARÆ

AVANT-PROPOS

En me décidant à écrire cette page d'histoire, je n'ai pas la prétention de révéler des faits et de mettre au jour des documents ayant jusqu'ici échappé aux savantes recherches des érudits.

Je reconnais que cet ouvrage sera en réalité l'étude, sous un jour qui est celui de ma pensée propre, de titres et de chartes qu'il serait peut-être facile de retrouver épars dans d'autres œuvres historiques intéressant la Bigorre.

Cet écrit n'en sera pas moins unique en son genre; car, s'il est vrai que quelques historiens, — d'ailleurs relativement peu nombreux, — ont connu, ou soupçonné, la curieuse histoire que je me propose de raconter, il est encore plus vrai que la grande masse des bacheliers de France n'en a jamais entendu parler. D'autre part, les œuvres de ceux qui ont eu le courage d'effleurer — oh! très timidement — les conséquences de leurs découvertes, en cette matière semi-religieuse, sont ensevelies sous la poussière des plus austères bibliothèques, et personne ne songe à les en exhumer.

La raison s'en devine. Ceux qui fouillent les dessous de l'histoire sont, pour la plupart, des universitaires ou des archivistes de profession, c'est-à-dire des fonctionnaires soucieux de ne point se compromettre par des écrits au parfum clérical. Les autres, les indépendants, ou bien sont hostiles à tout ce qui touche aux questions religieuses, ou bien redoutent, en s'y intéressant, d'apparaître comme des naïfs et des crédules, indignes du titre d'historiens sérieux.

Enfin, écrire un livre pour faire connaître que la Vierge Marie a, pendant des siècles, été révérée comme Comtesse suzeraine de Lourdes, n'est assurément pas un moyen d'être décoré par le Gouvernement.

Pour toutes ces raisons, et peut-être pour d'autres encore, les documents dont je vais parler, sont évidemment très connus, mais encore bien plus ignorés; et c'est pourquoi j'ai eu la pensée de les rappeler à ceux qui les connaissent, et surtout de les faire connaître à ceux qui les ignorent.

CHAPITRE I

La Genèse de cet Ouvrage.

Il y a environ cinquante ans, dans un lot de vieux livres, constituant le fond de bibliothèque de mes grands-parents, je trouvai, édité, autant qu'il m'en souvienne, en 1730 ou 1750, *ad usum delphini*, un assez curieux livre d'histoire de France.

Il ne rappelait pas, dans l'ordre chronologique, la série des règnes de nos rois, avec leurs jours de gloire et leurs jours de deuil ; mais il exposait, dans l'ordre des événements, au travers des siècles, comment avaient été agrégés, au domaine royal originaire, les duchés, comtés, fiefs et terres jadis émancipés de l'autorité impériale et royale, quand celle-ci fut tombée aux mains de plus en plus débiles des successeurs de Charlemagne ; et comment ce fut l'œuvre patiente mais admirable de nos rois, de constituer avec cette poussière d'Etats féodaux, grands et petits, ayant chacun sa vie, son histoire, ses mœurs, ses tendances propres, ses velléités d'indépendance, sa langue même et ses jalousies de clocher, la France une et forte que l'historien de 1730 présentait à ses lecteurs.

Or, en feuilletant cet intéressant ouvrage, je trouvai un chapitre qui fut pour mon ignorance, j'en fais en toute humilité l'aveu, une véritable découverte.

Il me serait difficile, après tant d'années écoulées, d'en rappeler exactement le texte; mais ce que je crois pouvoir affirmer, c'est qu'il tendait à établir que le château et la cité de Lourdes avaient été donnés, à titre de fief, par Charlemagne à Notre-Dame du Puy; et que, plus tard, le comte de Bigorre, Bernard Ier, avait fait hommage de la totalité de son comté à la Vierge souveraine, dont il s'était reconnu le vassal.

Il était expliqué, qu'en signe de suzeraineté, la bannière de Notre-Dame flottait à certains jours et à des époques prévues, sur la tour de la citadelle, où elle remplaçait celle du comte. Ce même jour, était-il dit encore, une redevance était payée à titre de cens par les soins du comte de Bigorre sur l'autel de Notre-Dame du Puy.

Enfin, l'historien ajoutait que ce petit état des Marches d'Espagne avait été réuni à la Couronne par Henri IV, dernier comte de Bigorre.

Il y a cinquante ans, Lourdes était déjà connu par tout l'univers. La chapelle que la « Dame » de Bernadette avait demandé que l'on construisît sur les rochers de Massabielle, était édifiée. Les foules que l'Immaculée Conception avait désiré voir autour de son sanctuaire, y accouraient de tous les coins du monde. Il ne manquait à l'apothéose de la Vierge que l'aveu d'impuissance de l'incrédulité; et l'insondable stupidité de la libre-pensée n'avait point manqué de le lui fournir.

Après avoir imaginé, à l'encontre de la merveilleuse aventure, les explications les plus saugrenues et les plus grossières; après avoir suscité à la toute puissance miséricordieuse, qui venait aux hommes les mains pleines de largesses, les obstacles les plus malicieux et, du reste, les plus maladroits; après avoir tout fait pour étouffer sous ses mensonges le bruit des prodiges et des miracles multipliés autour de cette intarissable source de Massabielle, que le journal *Le Siècle* avait dédaigneusement qualifiée de « suintement du rocher » — la libre-pensée avait, en fin de compte, cessé de discuter ce qu'elle ne pouvait comprendre, mais ce qu'elle ne voulait pas admettre, — et Lourdes, terre bénie et privilégiée de la Vierge, s'imposait au monde.

Et voici que j'apprenais que, depuis des siècles, Lourdes était un fief de la sainte Vierge! Ma découverte me transporta ! Je m'empressai d'en faire part à mon entourage et, parmi mes amis, à un excellent homme assurément très érudit, qui, tout en étant moins surpris que moi, car il avait déjà quelque connaissance de cette lointaine histoire, — qu'il qualifiait d'ailleurs de « légende due à un faux », — m'emprunta mon petit livre pour le lire à loisir.

J'étais jeune et je n'avais pas encore appris, à mes dépens... qu'un livre prêté est un livre perdu.

Je le lui prêtai et je ne l'ai plus revu.

Mais ne nous attardons pas en regrets stériles !

Je n'avais aucune idée, à cette époque, que je dusse jamais écrire ces pages, pressentant bien que même avec l'aide de mon livre égaré, il me faudrait fouiller les archives du Puy, de Pau, de Tarbes, et peut-être même, les liasses des documents de la Bibliothèque nationale, pour retrouver les témoignages utiles à un pareil travail, — à supposer qu'ils ne se fussent point égarés, au cours des bouleversements politiques subis par la France, depuis 1789 ; — et qu'enfin l'histoire ne fût pas, elle-même, comme l'affirmait mon emprunteur, un chapitre de légende reposant sur un faux.

Dirai-je cependant que je n'y pensai plus ? Non, le souvenir m'en demeurait au contraire si fidèle, que je ne manquai pas, je puis dire, une occasion de répéter ce que je savais, devant tous ceux qui me paraissaient susceptibles de s'intéresser à la recherche de la vérité historique, et de la révéler au public.

Mon zèle à ce sujet devint même singulièrement actif, après que j'eus la joie profonde de ramener de Lourdes, guérie et vaillante, ma mère bien-aimée que j'y avais conduite paralysée depuis sept ans, et au moment du voyage... mourante.

(Voir de ce chef, l'ouvrage de M. l'abbé Petit, professeur de dogme et d'éloquence au séminaire d'Angoulême : *Souvenir du Cinquantenaire : L'Immaculée Conception à Lourdes,* page 273, — sous le bénéfice, toutefois, de quelques réserves en ce qui concerne l'exposé des faits, lesquels sont plus exactement rapportés dans la 4me livraison de la 25me année des *Annales de Lourdes,* — 30 juillet 1890).

Dans l'inquiétude de mon esprit, soucieux de ne pas payer d'ingratitude l'infinie bonté de la Vierge, je fis alors, par l'entremise d'amis bien placés pour répondre à mon désir, une sorte de petite enquête sur l'histoire de la Bigorre; et il m'apparut bientôt, que l'opinion sommaire de mon premier consultant, demandait à être examinée de plus près, bien qu'elle fût effectivement la réponse de la science officielle. En réalité, il existait à l'appui des droits de la Vierge, comtesse suzeraine, Dame dominante de Lourdes et du comté de Bigorre, non pas seulement une charte si dédaigneusement qualifiée de faux, mais les titres les plus authentiques, les plus incontestables et les plus incontestés, et même un arrêt du Parlement de Paris, confirmant les droits de la Vierge, et la reconnaissance officielle de la couronne de France. — Seulement, comme par hasard, de tout cela nul ne parlait.

Oh ! je ne songeai toujours pas à écrire moi-même le livre dont je rêvais, car ma vie était alors absorbée par cette profession d'avocat, dont un spirituel confrère a pu dire « qu'elle ne fait vivre que ceux qu'elle tue » ; mais du moins, devais-je à la Vierge qui venait de nous combler de ses grâces, de trouver celui ou celle qui saurait mettre en lumière mes trouvailles.

Cette pensée m'obsédait ; et cette obsession prit une nouvelle force d'un incident que je crois devoir raconter pour ajouter encore cette justification à la décision que j'ai prise, moi, avocat, sans préparation et sans entraînement, d'imprimer ce chapitre d'histoire et de le livrer au public.

J'étais à Lourdes aux vacances de 1903 ou 1904, et je sortais de la crypte, lorsque j'aperçus un de mes amis au milieu d'un groupe de pèlerins. Je le rejoignis, et il venait de me présenter à ses compagnons, quand un nouvel arrivant sollicita notre attention.

Je m'empresse de dire que je fus immédiatement renseigné à son sujet. C'était, me dit-on tout bas, un ardent catholique étranger, un des chefs du parti religieux dans son pays, homme de bien dans toute la force du terme, très dévot à la Vierge, mais présentant cette singularité de ne pas croire aux apparitions de Massabielle, tout en étant un des plus fidèles visiteurs de la Grotte de Lourdes!

« Eh bien! lui dit-on plaisamment, la foi vous vient-elle? »

« Oh! Messieurs », protesta l'interpellé avec une feinte indignation où transparaissait sa bonne humeur, « vous retournez le fer dans la plaie, et cela n'est pas généreux. Eh certes, je fais bien tous mes efforts pour l'avoir, cette foi dont je vois ici de si splendides manifestations! Je ne demande que cela; et j'implore l'Immaculée de me la communiquer; car tout ce que j'ai lu, tout ce que j'ai vu, tout ce que je vois, comme couronnement et témoignage de l'extraordinaire et passionnante histoire de ces dix-huit apparitions, qui ne ressemblent à rien de connu, toutes ces guérisons triomphantes, et jusqu'à l'impuissance et à la niaiserie des incrédules pour expliquer ces prodiges, tout... oui, tout me presse de confesser ma foi. Je sens que je n'ai pas le droit de douter; j'en ai honte et remords; j'en demande pardon au Ciel et pourtant.... »

Il s'interrompit dans cette profession de foi qu'il formulait avec véhémence, en fort bon français d'ailleurs, et se tournant vers ceux d'entre nous qu'il ne connaissait pas : « Et pourtant, reprit-il, je pense ainsi pendant que je suis à Lourdes, et dès que je serai rentré dans mon pays, le doute me tourmentera ! En vérité, Messieurs, je vous demande pardon de ce que je vais dire, et je vous supplie de ne point vous en formaliser, car vous comprendrez que cela ne s'adresse pas à vous, catholiques de France, mais enfin vous êtes une minorité dans votre patrie; et si votre nation a été autrefois le peuple chevalier de la Vierge, vous devez bien reconnaître qu'elle ne vaut pas cher à notre époque?... alors... alors que voulez-vous, je ne peux pas comprendre comment la sainte Vierge a pu choisir la France pour y établir en quelque sorte le siège principal de ses miséricordes? La France, qui chasse ses religieux, persécute son Eglise et défend à ses fonctionnaires d'avoir la Foi ! Encore si Elle avait choisi la Bretagne que l'on dit toujours croyante, ou l'Aveyron qui a donné tant de prêtres à l'Eglise, mais... Lourdes ! »

On se récria, et lui coupant la parole : « Mais, cher Monsieur, dit un des assistants, ignorez-vous donc que Lourdes et les vallées du Lavedan ont toujours eu une grande dévotion à la Vierge? Nous avons, dans ce pays, des lieux de pèlerinages célèbres depuis le Moyen Age : Notre-Dame de Garaison, Notre-Dame de Poëlaün, Notre-Dame de Héas, Notre-Dame de Pictat; et ne savez-vous pas combien Bétharam est toujours populaire, même à côté de Lourdes? En réalité nos braves montagnards ont été les premiers fidèles de la Grotte, et les champions de la « Dame » de Bernadette, contre l'autorité menaçante du préfet, du procureur impérial, du commissaire de police, et même du maire, bien que celui-ci s'efforçât de ne pas se compromettre, et ménageât la chèvre et le chou? » — Un autre ajouta : « N'avez-vous pas lu dans les histoires des apparitions, qu'il a fallu toute la popularité du curé de Lourdes et de ses vicaires, pour contenir l'indignation du peuple, qui, dès la première heure, crut à la réalité des apparitions, et fut plutôt lent à accepter la prudente temporisation de l'Eglise, devant les maladroites persécutions que vous savez? — spécialement la défense de prier sur le terrain communal de Massabielle, sous peine de poursuites correctionnelles et d'amendes; — toutes les sottises de l'administration au service des ennemis des apparitions? »

— « C'est vrai, dit le pèlerin étranger, et je vous l'ai bien dit, je suis confus de penser que je retrouverai mon scepticisme en rentrant dans mon pays; mais c'est irrésistible : je ne peux pas, non, je ne peux pas comprendre les préférences de la Vierge Marie pour cette terre de France qui ne cesse d'insulter son Fils, Notre-Seigneur Jésus-Christ, alors que ma catholique patrie vit dans un courant religieux si admirable, qu'aucune visite de la Vierge ne vient encourager.... »

Et comme on souriait de ce naïf aveu de jalousie : « Ah ! mon cher Monsieur, dit un ecclésiastique, gardons-nous de critiquer les décisions du Ciel. Il est difficile de pénétrer les desseins de Dieu.... »

Il se fit un petit silence, et je me hâtai d'en profiter :

« Sans doute, Monsieur l'Abbé, dis-je au prêtre, il est difficile de pénétrer les desseins de Dieu, et il serait aussi téméraire de prétendre les connaître que de les critiquer. Mais on peut, ce me semble, les conjecturer sans sortir du respect qu'on leur doit? En ce qui concerne le choix de Lourdes par la sainte Vierge, afin d'y établir le siège principal de sa suzeraineté miséricordieuse, comme le disait tout à l'heure Monsieur, il me semble que la raison en est bien simple : c'est qu'Elle est ici chez Elle, et qu'Elle ne serait nulle part ailleurs chez Elle comme Elle l'est ici. »

On me regardait avec surprise, et le prêtre observa : « La sainte Vierge est partout chez Elle. »

— « Je le crois comme vous, Monsieur l'Abbé, mais si l'Immaculée Conception était apparue en Bretagne, dans l'Aveyron, en Espagne, en Belgique, toutes les autres provinces de France et de l'univers catholique, toutes les autres nations auraient pu dire comme Monsieur, tout à l'heure : « Pourquoi pas chez nous ? » Il y a donc des préférences au Ciel ? La Vierge est-elle donc comme ces mères qui chérissent, plus que les autres, un de leurs enfants ? — Non ! En offrant à tous ses enfants de les recevoir là où elle est humainement chez Elle, au même titre et sur le même pied, d'où qu'ils viennent, l'Immaculée me paraît avoir fait le seul geste qui mette fin à toutes les susceptibilités et à toutes les jalousies. »

— « Mais, Monsieur, reprit l'étranger, je ne vous comprends pas. Comment dites-vous que la Vierge est humainement chez Elle à Lourdes ? »

— « Assurément, dis-je, les droits suzerains de Notre-Dame du Puy sur le château et la ville de Lourdes sont affirmés par la tradition que certains, il est vrai, qualifient de légende, mais aussi par des actes officiels qui étendent même le pouvoir dominant de la Vierge sur tout le comté de Bigorre. En outre de ces titres, qui ne sont pas contestables,

les droits de la Vierge (sous le nom de Notre-Dame du Puy, plus connue dans le haut Moyen Age sous le vocable de Notre-Dame d'Anis), résultent encore de l'arrêt du Parlement de Paris qui mit fin aux prétentions du roi d'Angleterre à l'encontre des droits à l'hommage de la Bigorre en contradiction avec l'Eglise du Puy. A la suite de cet arrêt, les droits de Notre-Dame ont été encore reconnus par l'hommage que la reine de France, Jeanne de Navarre, femme de Philippe le Bel, rendit à Notre-Dame du Puy comme Dame souveraine du comté de Bigorre, au domaine utile duquel la reine de France prétendait des droits. Et c'est pourquoi, je le répète, il me paraît assez naturel que la Vierge soit venue dans ce petit Etat dont elle est Suzeraine, au titre des lois de ce monde, dès l'instant qu'elle avait résolu de descendre sur la terre. »

— « Mais, Monsieur, vous bouleversez mes idées, dit mon interlocuteur, et je me demande si vous êtes bien sûr de ce que vous avancez ? »

— « Je le crois, dis-je, et cela n'est pas pour vous surprendre, car il existe peut-être d'autres pays desquels on pourrait dire qu'ils sont aussi des fiefs de la Vierge. Ainsi, vous connaissez sans doute les célèbres lettres patentes de 1478, par lesquelles Louis XI enlève à l'Artois la mouvance du comté de Boulogne pour la donner à Notre-Dame de Bourgogne ? Mais les jurisconsultes, comme les historiens, sont d'accord pour ne voir, dans cette décision royale, qu'un fait de politique humaine.

« Il n'en va pas de même au regard de l'acte de Bernard de Bigorre, qui s'engage en son nom, comme au nom de ses successeurs et sous peine d'anathème, à l'encontre de ces derniers, s'ils se dérobaient à leur obligation, à payer, comme à titre de cens, une redevance perpétuelle de soixante écus de Morlaas, ce qui est un des signes de l'inféodation ; — ainsi qu'au surplus cela a été jugé par le Parlement de Paris et accepté par la Couronne.

« Enfin, dis-je encore, s'il était démontré que la Vierge a, humainement parlant, plusieurs fiefs en ce monde, le fait qu'elle en choisit un pour y établir le siège principal de ses grâces, n'impliquerait, ce me semble, aucune préférence de race ; mais seulement, peut-être, un choix de justice en faveur de ceux qui lui sont demeurés les plus fidèles parmi ses sujets de la terre ; et alors Lourdes aurait des droits, ainsi que ces Messieurs le rappelaient justement tout à l'heure. »

Mon auditoire m'avait écouté, je dois le dire, avec la plus grande attention, et l'incroyant pèlerin qui avait été l'occasion de cette conférence improvisée, était plus qu'aucun, attentif ; et pourquoi ne pas le dire, intéressé et ému. Dès qu'il put prendre la parole, ce fut pour manifester toute cette émotion, car il lui semblait, disait-il, que la Vierge lui donnait par ma voix, la réponse aux inquiétudes qui le tourmentaient depuis si longtemps. Il était insatiable de détails, et m'eût, pour un peu, reproché de n'être pas prêt à faire immédiatement la preuve de tout ce que je venais de raconter.

Hélas, ma science était courte, et ma mémoire bien incertaine.

Comment les droits de la Vierge, s'ils étaient si sûrs, avaient-ils pris fin? Comment les populations, jadis si fidèles aux traditions des aïeux, avaient-elles accepté cette séparation d'avec la Vierge protectrice, leur Dame et Comtesse suzeraine? etc... etc....

Je me trouvais fort embarrassé par ces questions et d'autres encore, lorsqu'un Monsieur âgé, qui faisait partie de notre groupe et m'avait écouté en silence, prit la parole et dit : « Oh! Monsieur, vous venez d'éveiller dans ma mémoire, un des plus vieux souvenirs de mon enfance. Ma grand'mère m'a souvent raconté qu'à l'époque de la Restauration, après le rétablissement du siège épiscopal du Puy, supprimé par le Concordat, elle avait été, avec d'autres jeunes filles de Lourdes, au Puy-en-Velay, porter à la Vierge, en signe d'hommage, des chapeaux de fleurs et *des mottes de gazon arrachées dans le champ du comte!* » Et il ajouta, ce dont personne ne douta : « C'était un rude voyage. »

Ce témoignage inattendu et d'autant plus précieux, acheva de convaincre mon auditoire; et je ne saurais assez dire tout l'enthousiasme, et aussi toute la gratitude, du pèlerin étranger pour ce que je venais de lui révéler.

Il le commentait avec joie : « Ainsi Lourdes, disait-il, est si l'on peut dire, terre de la Vierge; et en choisissant cette ville pour le lieu de ses apparitions, Notre Dame a précisément voulu ne favoriser aucun peuple, mais affirmer qu'Elle est la Mère de tous les catholiques, en les appelant tous chez Elle, au même titre, avec les mêmes droits, comme des enfants aimés d'un même amour? » — Son inquiétude étrange s'était dissipée, qui l'empêchait de céder à l'entraînement de sa foi; et, se tournant vers celui qui, le premier, l'avait interpellé : « Eh bien, dit-il, je vous réponds maintenant : oui, la foi m'est venue »; et revenant à moi : « Oh! Monsieur, il faut faire connaître cela. Je crois en votre parole; mais il faut la documenter, et il faut l'écrire. »

L'écrire? Je n'en avais pas le loisir! La faire écrire? Je m'y efforçai, mais malheureusement sans succès; et c'est ainsi que j'ai laissé venir l'âge de la retraite sans avoir fait faire un pas à l'étude du petit problème historique qui avait si fort passionné mon interlocuteur de 1903. Tout au plus s'est-il trouvé un écrivain, qui ayant rencontré, je crois, dans l'étude du procès de Bigorre, entre le roi d'Angleterre et l'Eglise du Puy, la charte de Bernard Ier, fit cette réflexion : « Singulière coïncidence! »

Si singulière, en effet, qu'à cette heure où, faute d'avoir trouvé le bon ouvrier rêvé, j'ai moi-même entrepris, vaille que vaille, le travail que j'eusse voulu confier à plus habile que moi, je n'hésite pas à déclarer que je rapporte la preuve de ce que j'ai jadis affirmé à mes auditeurs de 1903 ou 1904.

Oui, Notre-Dame du Puy, la Vierge Marie Mère de Dieu, Celle qui s'est qualifiée elle-même « L'Immaculée Conception », a joui pendant des siècles, à titre de fief « pour l'hommage », de la ville de Lourdes et de son château; et de 1062 à 1307 du comté de Bigorre tout entier.

L'hommage stipulé fut, à cette date, échangé avec le roi de France, contre une rente à prendre sur des revenus indiqués à l'acte, et comme cette rente n'était plus payée, et que l'hommage n'était plus rendu, la Vierge a revendiqué elle-même ses droits méconnus.

Souveraine pour l'hommage, la fidélité et l'amour, elle a, semble-t-il, voulu affirmer par ses actes, cette souveraineté que l'on méconnaissait, et que ses anciens serviteurs, les chanoines du Puy, abandonnaient.

M. Henri Lasserre, dans son beau livre sur Notre-Dame de Lourdes, en avait-il le pressentiment lorsqu'il écrivait : « Un des plus beaux privilèges de la souveraineté, c'est le droit de faire grâce; et quand un roi veut fêter son avènement, il amnistie les coupables.

« La Reine du Ciel pouvait plus et fit plus. Elle voulut qu'il n'y eût même pas de coupables. Ses apparitions... se trouvaient réparties sur deux trimestres judiciaires; or, pendant ces deux trimestres, il n'y eut, dans le département, ni un seul crime commis, ni un seul criminel condamné. C'est un fait, peut-être sans précédents.

« Cette coïncidence étonnante, cette marque mystérieuse de l'invisible influence qui planait sur toute la contrée, cette preuve toute extérieure, ce prodige moral, ce miracle diocésain, nous semblent faits pour donner à réfléchir aux esprits les plus frivoles !

« D'où venait cette trêve de Dieu ? »

L'éminent écrivain se donne à soi-même la réponse : « La Reine du Ciel avait passé, la Reine du Ciel avait béni. » Et nous ajoutons, sans rien changer à l'observation de M. Lasserre : « La Dame suzeraine de Lourdes avait fêté son retour dans son fief. »

*
* *

Mais j'ai hâte d'en finir avec ces observations préliminaires sur la genèse de cet ouvrage, — d'autant qu'avant de pénétrer plus avant dans le problème historique qui en est la raison d'être, il est indispensable de connaître le glorieux sanctuaire du mont Anis, où Celle qui devait être Dame et Comtesse de Lourdes, pour l'hommage, reçut pendant tant de siècles, un culte de vénération et d'amour.

CHAPITRE II

Notre-Dame du Puy.

La renommée mondiale de Notre-Dame de Lourdes n'a, sans doute, pas effacé de la mémoire des peuples, les glorieuses annales des pèlerinages, jadis si florissants de la vieille France; car, bien que s'agissant toujours d'une seule et même personne, la sainte Vierge Marie, Mère de Notre-Seigneur Jésus-Christ, les noms différents sous lesquels les foules reconnaissantes L'honorent et La prient, semblent avec la diversité de ses images, multiplier les sources de ses bienfaits.

Chaque pays s'honore de donner à sa « Notre Dame » locale, ou bien son propre nom, comme pour la faire plus intimement sa protectrice, ou bien le vocable qui témoigne, en les rappelant, des grâces déjà obtenues.

Ainsi chaque histoire particulière des quatorze cent vingt-quatre pèlerinages de la Vierge, pour ne parler que des sanctuaires français, apparaît-elle indépendante de toutes les autres, alors qu'en réalité, elle est un anneau de la chaîne d'amour, et que ces titres divers qui les différencient, sont comme les invocations successives des litanies de la gratitude populaire envers la Mère de toutes les bontés.

Avec raison cependant, l'entraînement des fidèles distingue, parmi les noms de la Vierge, ceux que Notre-Dame a Elle-même choisis, de même qu'il témoigne d'une particulière dilection, pour les lieux où Elle-même a demandé d'être visitée et honorée.

C'est, de nos jours, le cas de Lourdes, comme ce fut autrefois le privilège du Puy-en-Velay. Mais si l'Immaculée Conception, si Notre-Dame de Lourdes appelle aujourd'hui à sa basilique pyrénéenne, les foules qui, jadis et pendant des siècles, accouraient innombrables, aux pieds de celle que les Espagnols prient encore, dans la cathédrale de Valence, sous l'invocation de *Nuestra Senora del Puig de Francia,* — les deux sanctuaires sont, comme on le verra plus loin, si intimement liés l'un à l'autre, que le triomphe de Notre-Dame de Lourdes est une nouvelle forme du triomphe de Notre-Dame du Puy.

C'est pourquoi, sans songer à écrire une histoire qui sans doute a déjà été écrite tant de fois, avec un talent et une science auxquels je ne saurais prétendre, il me semble nécessaire de placer ici un aperçu sommaire des grandeurs de Notre-Dame du Puy, pour servir de base à l'objet essentiel de cet écrit. — Peut-être, l'ayant lu, les pèlerins de Lourdes, bénéficiaires des grâces que l'Immaculée répand avec tant de largesses, auront-ils le désir d'aller l'en remercier, dans sa magnifique cathédrale, au pied du rocher Corneille d'où sa statue colossale rayonne sur la ville, dans un des plus pittoresques paysages de notre France, au cœur d'une cité dont Maurice Barrès écrivait, qu'elle était, à son goût, la ville la plus séduisante et la plus rare, Notre-Dame de France, Dame suzeraine de Lourdes, — comme nous nous proposons de le démontrer.

Ce livre n'étant, au surplus, ni un guide du touriste au Puy, ni une réclame pour les hôteliers et les dentellières de la ville, je ne dirai rien de plus de cet étrange et exquis pays du Velay, sinon, — par esprit de justice, — que le Puy a été, à juste titre, qualifié de « perle du Massif Central ». Et puis, ce sera tout; car à la différence de ce qui se passe pour les ouvrages écrits en vue d'attirer la foule des curieux, je serais bien plutôt tenté de modifier, en pénétrant sur cette terre sacrée, l'inscription gravée sur la face d'une des premières marches de l'escalier qui conduit à la cathédrale, et de dire : « Si vous venez ici en indifférents ou en curieux, évitez de toucher ce seuil, car la Reine du Ciel veut uniquement le culte de ceux qui l'aiment [1]. »

Il y a en réalité deux villes au Puy : la ville moderne, qui doit tout à la vieille cité qu'elle entoure de ses boulevards et de ses promenades, dans le cadre délicieux des hauteurs cévenoles, et la ville du Moyen Age, la ville de la Vierge, où bat le cœur de la cité.

Avec Notre-Dame de Chartres et Notre-Dame de Rocamadour, Notre-Dame du Puy, primitivement Notre-Dame du Mont Anis, fut, depuis les premiers siècles du Christianisme en France, parmi les pèlerinages les plus connus, les plus fréquentés et bientôt les plus célèbres de la chrétienté.

L'Eglise du Puy fait remonter à saint Georges, disciple de saint Pierre, l'époque de sa fondation ; et la légende qui fleurit à l'origine de tous nos vieux sanctuaires, la légende qui est en définitive, tout au moins pour partie de la tradition, c'est-à-dire de l'histoire transmise oralement, raconte que la Vierge Marie apparut sur le mont Anis, à Georges, apôtre des Vellanes, pour lui enjoindre de

1. L'inscription gravée sur la marche de l'escalier, porte : *ne caveas crimen, caveas contingere limen, nam regina cœli, vult sine labe coli.* — « Si vous n'évitez pas le péché, évitez de toucher ce seuil, car la Reine du Ciel veut un culte sans tache. »

construire sur « cette montagne » une chapelle où elle voulait être honorée.

Est-ce une fable? Si l'Immaculée Conception était apparue à Bernadette il y a seize siècles, nul doute que les historiens les plus sérieux ne tinssent le fait pour une fable.

J'estime, pour ma part, que nous devons accueillir avec un infini respect ces choses que nos pères ont crues sur la foi de leurs aïeux, et qu'ils nous ont transmises au travers des âges.

Personne ne peut dire avec certitude si elles ne renferment pas, sous une forme qui à cette heure heurte peut-être notre scepticisme et la dureté de nos cœurs, de merveilleuses vérités.

Ce qui est constant, c'est qu'à une époque si éloignée que personne n'en peut fixer la date, la chapelle fut construite probablement sur les ruines de quelque temple païen, et que plus tard saint Vosy, successeur de saint Georges, ayant transporté sur le mont Anis son siège épiscopal, la chapelle primitive fut remplacée par une plus importante église qui, dit encore la légende, fut consacrée par les Anges, — d'où le nom d'église angélique qu'elle porte toujours.

« Selon le plus assuré et probable calcul que nous avons pu recueillir des vieux manuscrits et des livres imprimés, dit le R. P. F. Théodose de Bergame, nous tenons que l'édification de la très sacrée église de Notre-Dame du Puy d'Anis, fut commencée sous Calixte Ier, pape et martyr, et parachevée et sacrée sous Corneille, aussi pape et martyr, environ l'an de grâce 254, du temps de saint Vosy, évêque du Velay. Depuis, Dieu a illustré ce saint lieu de tant de rares merveilles, que non seulement ceux du Velay, mais encore tous les habitants du monde y sont venus et y viennent encore en pèlerinage. »

Nous ne nous attarderons pas à justifier les assertions de l'enthousiaste franciscain qui, plus loin, raconte la merveilleuse consécration par les Anges, de l'église qu'il aime d'un débordant amour. Ce qui ressort de cet écrit, comme de tous ceux des vieux chroniqueurs dont nous avons feuilleté les pages, c'est l'évidente bonne foi de tous ces hommes; et cela nous suffit.

Ce qui importe, en effet, ce n'est pas la plus ou moins grande antiquité de la basilique anicienne, mais qu'elle ait été, pendant des siècles, un foyer d'amour divin et comme une montagne sainte vers laquelle se tournaient tous les cœurs des fidèles. Or, de cela, nous avons un incontestable et incontesté témoignage dans cette déclaration du saint pape Léon IX, dans la bulle qu'il adressait en 1051 à Pierre de Mercœur, évêque du Puy : « Dans ce sanctuaire du mont Anis, appelé aussi Le Puy-en-Velay et Le Puy Sainte-Marie, plus que dans tout autre, la bienheureuse Vierge Marie a reçu un culte éminemment spécial et filial, d'honneur, de vénération et d'amour, de la plupart des fidèles de toute la Gaule. »

Le très Saint-Père disait vrai : mais il ne disait pas assez. L'amour des peuples pour la Vierge du mont Anis, du Puy-en-Velay, du Puy Sainte-Marie, ne s'arrêtait pas aux frontières de la Gaule. L'Espagne, l'Italie, l'Angleterre, tous les peuples que la renommée de Notre-Dame de France avait touchés, l'avaient en une égale vénération et un égal amour; et pendant des siècles, ces nations, pour la plupart si éloignées du sanctuaire célèbre, n'hésitèrent pas à mêler leurs foules aux foules de France, sans se laisser arrêter par les difficultés inouïes du voyage et la longueur de la route.

On croit rêver quand on lit ces choses; car peut-on bien imaginer à notre époque de chemins de fer et d'automobiles, — demain, de dirigeables et d'avions, — ce que représentent de fatigues subies, de souffrances endurées, de dangers courus, de jours, de semaines, de mois de marche, par tous les temps, au travers d'un pays parfois singulièrement difficile, sauvage et périlleux, et qui n'avait d'autres routes que celles jadis établies pour les nécessités militaires, par les Romains — mais demeurées depuis lors sans entretien — pour ces masses populaires s'en allant à la grâce de Dieu et de Notre-Dame, en chantant des cantiques en l'honneur de celle dont ils allaient... voir et honorer l'image.

Mais je parle des masses populaires et je suis injuste pour les grands de ce monde qui ne laissaient point au peuple le privilège d'aller au travers des provinces de notre pays, prier Notre-Dame du Puy, dans sa belle cathédrale, une des plus anciennes de France.

C'est qu'en effet les plus nobles seigneurs donnaient l'exemple à la foule; et, comme l'écrit un des historiens de Notre-Dame du Puy : « Il n'est aucun lieu de pèlerinage, fût-ce en Italie, que les papes, les empereurs, les rois, les princes et les saints aient autant visité. »

La complète énumération de ces augustes visiteurs serait fastidieuse; mais on me pardonnera de donner un aperçu du glorieux cortège :

Voici, avant l'an mille, Gerbert Sylvestre, pape, ancien moine d'Aurillac, qui avait lui-même ordonné, vers 998, pour être évêque du Puy, Théodard, son ancien compagnon de cloître et son ami, et le soumit immédiatement, ainsi que ses successeurs, à l'autorité directe du Saint-Siège.

Après l'an mille : Urbain II — Pascal II — Gélase II — Calixte II — Innocent II — Alexandre III, auquel on attribue la fondation du jubilé de Compostelle.

Parmi les empereurs et les rois, voici au VIIme siècle, Dagobert Ier et Clovis II, au VIIIme siècle, Charles le Grand, qui vint au Puy avant et après son couronnement impérial ; et après lui : Louis le Débonnaire — Charles le Chauve — Eudes — Robert — Louis VII — saint Louis — Philippe le Hardi — Charles VI et ses oncles, Jean de Berry et le duc de Bourgogne — Charles VII et la reine Marie d'Anjou — Louis XI, qui vint au Puy quatre fois — Charles VIII, et François Ier, qui déjà venu une fois en pèlerinage, revint apportant au grand autel de la basilique, de somptueux chandeliers d'argent massif.

Car si les vieux chroniqueurs se complaisent à l'énumération de ces nobles visiteurs, et encore des princes étrangers qui sont venus au sanctuaire de Notre-Dame, comme René de Sicile et la reine, leur enthousiasme croît avec leur gratitude, quand ils en viennent à rappeler, soit les privilèges concédés par l'autorité royale aux chanoines, soit les présents apportés ou envoyés par nos rois, pour honorer la sainte basilique.

D'autre part il convient d'ajouter que les Souverains Pontifes ne se sont pas laissés vaincre en générosité et en bienveillance par l'autorité séculière. Théodose de Bergame l'observe avec une amusante et naïve vanité : « Les Souverains Pontifes de Rome ont aussi tellement honoré les évêques de la dite Eglise, qu'on peut dire sans flatterie, que c'est un évêché des plus nobles de France, car *in temporalibus,* l'évêque étant comte de Velay, ne reconnaît autre que le roy, et *in spiritualibus,* ne reconnaît que le pape, étant exempt de la juridiction du métropolitain ; et de plus, décoré de l'honneur du pallium », — privilège des archevêques.

Au surplus, les Souverains Pontifes, en multipliant les plus rares et les plus précieuses indulgences au profit des pèlerins de Notre-Dame du Mont Anis, ont puissamment aidé à la dévotion des peuples chrétiens envers Elle ; et lorsqu'à la fin du xme siècle, à la veille de cette échéance de l'an mille, qui troubla, non pas peut-être autant qu'on l'a dit, mais enfin qui inquiéta une partie de l'humanité, le saint pontife Jean XVI, mit le comble à ses bienfaits en confirmant au profit du sanctuaire déjà si aimé, si visité, si populaire, le privilège d'un jour de grand pardon, chaque fois que la fête de l'Annonciation coïnciderait avec le Vendredi-Saint, Le Puy d'Anis devint pour la chrétienté comme une sorte de port de salut vers lequel tous les regards se tournèrent.

La coïncidence prévue allait en effet se réaliser le jour du Vendredi-Saint de l'année 992 ; et dès lors on devine si les foules, déjà antérieurement si nombreuses dans la visite presque quotidienne du sanctuaire, durent répondre en masse à l'appel de l'Eglise pour bénéficier de son pardon.

Nous disons que l'affluence des pèlerins était déjà très grande antérieurement à l'an mille. La preuve de cette assertion résulte du fait que Guy d'Anjou, évêque du Puy, dut pourvoir à la sépulture des pèlerins morts dans l'accomplissement de leurs dévotions. « Il ordonna, rapporte le chroniqueur Estiennot, que les évêques, les chanoines décédés au Puy, et même les simples pèlerins qui viendraient à y mourir, en visitant l'autel de la sainte Vierge, seraient enterrés dans le cloître de Saint-Pierre-le-Monestier, où lui-même marqua sa tombe. »

L'évêque Etienne de Mercœur dut plus tard, en 1051 et 1053, s'inquiéter à son tour, de rendre les derniers devoirs aux gens du dehors qui succombaient au Puy, et il leur assigna un champ de repos.

Dans tous les cas, si en 992, la foule des pèlerins dépassa toutes les prévisions, ce concours surprenant des peuples ne s'épuisa pas avec l'échéance de l'an mille; et l'écolâtre Fulbert d'Angers, témoigne que les pèlerins abondèrent au Puy entre l'année 1017 et l'année 1020, ainsi qu'il le put constater.

En réalité, la terreur prétendue de l'an mille, ne fut point le seul facteur d'un mouvement qui ne cessa de grandir. Le grand pardon a depuis lors été célébré vingt-huit fois en un peu plus de neuf siècles, et non seulement l'enthousiasme de la première heure ne s'atténua pas, mais il s'accentua, au contraire, à chaque jubilé nouveau, sans que les visites à la basilique cessassent d'être continues, entre chaque grand rendez-vous de miséricorde....

Nous empruntons la plus grande partie de ce qui va suivre, à l'intéressant volume publié par les soins de M. le docteur Vigerie, chanoine, à l'occasion du jubilé de 1910; le reste aux chroniqueurs du Puy.

Jubilés de 1407-1418-1429-1440.

« Au carême de 1407, dit Juvénal des Ursins, l'Annonciation de Notre-Dame fut le Vendredi-Saint; et tient-on que quand elle échet le jour du dit Vendredi, il y a pardon de peine et de coulpe au Puy; et y fut tant de monde et de peuple, que merveille; — et y eut bien deux cents personnes éteintes. » Toutefois nous devons dire que Médicis et de Gissey ne comptent que sept morts; Médicis ajoute : « Il y eut grande faulte de pain. »

En réalité, on dénombra en 1407, deux cent mille pèlerins.

Comprend-on bien toute l'éloquence de ce chiffre ?

Deux cent mille pèlerins, venus, on peut le dire, des quatre coins de l'horizon, pour se trouver au jour dit, aux pieds de la statue de Notre-Dame ; — car, à cette époque, le grand pardon ne durait qu'un jour ! Et ces intrépides voyageurs « plus encore affamés du pain de vie que de la nourriture matérielle », réclamaient dès leur arrivée, cette absolution des prêtres, ce pardon divin, qu'ils étaient venus chercher, parfois de si loin et au prix de tant de fatigues.

Or, on le devine, si nombreux que fussent les confessionnaux du sanctuaire, ils ne pouvaient suffire à tant de monde. Si bien qu'après avoir fait appel au dévouement de tous les prêtres présents, pour organiser dans les cimetières, au coin des rues, au long des remparts, et jusque sur les places publiques, des confessionnaux de fortune, les pénitents s'y succédèrent jusqu'au soir. Spectacle étrange et touchant de la foi de nos pères ; mais bien démonstratif aussi de l'effrayant encombrement de la ville, et du danger qui menaçait cette foule, lorsque dans l'irrésistible élan de sa curiosité pieuse, elle se précipitait pour voir la statue de la Vierge sortir en triomphe de la basilique.

A la prière d'Elie de Lestrange, Martin V prolongea la durée du jubilé, en 1418, jusqu'au mardi de Pâques. Et néanmoins, malgré toutes les précautions, trente personnes périrent, « étouffées dans la presse ».

Sous Guillaume de Chalençon, le roi Charles VII, acclamé roi au château d'Espaly, aujourd'hui englobé dans la ville moderne du Puy, « le roi Charles VII, lequel aimait grandement Notre-Dame du Puy, dit Théodose, obtint du Souverain Pontife, que le jubilé de 1429 fût prolongé jusqu'au dimanche après Pâques ou de Quasimodo. » Grâce à cette décision, et aux mesures prises, « il n'y eut pas lieu de faire les presses accoutumées », et il n'y eut aucun accident à déplorer.

C'est à ce jubilé que Romée Isabeau, mère de la Pucelle d'Orléans, vint de Lorraine prier pour sa fille qui guerroyait, et qu'elle rencontra le frère Jean Pasquerel, des Ermites de Saint-Augustin, le futur confesseur de Jeanne d'Arc, lequel accompagna fidèlement l'héroïne, jusqu'à la trahison de Compiègne.

Le jubilé de 1440 fut également privilégié, bien que la foule y fût énorme ; mais cette fois-ci encore on évita l'encombrement dangereux des rues et des places, en répartissant par quartiers, et sur plusieurs jours, la visite de la basilique ; et Médicis après avoir constaté le bon ordre ainsi obtenu, résume son jugement sur ce jubilé, en ces termes : « Duquel (jubilé) n'ay pu trouver chose que j'aye seu mettre au présent de Podio qui soit digne de mémoire. »

Il est en effet très remarquable que les faits miraculeux paraissent à tous si naturels, et qu'ils sont d'ailleurs si communs, que c'est à peine s'il est indiqué d'un mot qu'ils furent innombrables.

Jubilés de 1502-1513-1524.

A la suite de l'année sainte, en 1502, l'évêque Geoffroy de Pompadour ne crut pas devoir demander à Rome une prolongation du jubilé. Or, dit Médicis : « Vers la fin de la semaine, telles troupes d'étrangers abordèrent, qu'il fallut faire de nouveaux passages à travers les vignes et les champs. — Si quelqu'un tombait, nul n'osait le relever de peur d'être foulé.... On portait des marques au bout de bâtons pour se reconnaître.... La violence de la presse dura depuis le matin du Jeudi-Saint jusqu'à dix heures du Vendredi.... Il y eut des confesseurs dans les cimetières et au grand pré du Breuil.... Il y en avait en tout trois mille dont l'évêque s'était assuré le concours; mais il fallut faire appel à un millier de prêtres venus en pèlerinage, pour satisfaire la masse pénitente... le pain manqua. — On eût dit, écrit le chroniqueur toujours enthousiaste, « que l'Italie, l'Espagne, l'Angleterre s'étaient épuisés d'habitants; et il s'y trouva même plusieurs familles grecques ». Et il ajoute ce savoureux détail : « Pour rafraîchir la chaleur intense, les pèlerins imploraient les habitants qui les regardaient passer du haut de leurs fenêtres, de leur jeter de l'eau sur la tête ! — Il y eut dix-sept morts vers la porte de Vienne, et quatre-vingt-quinze vers la porte Saint-Robert : en tout plus de cent. — Un enfant, dont la mère fut ensevelie sous un éboulement, put être baptisé ! »

« Le même évêque, Geoffroy de Pompadour, grand aumônier de France, dit encore Médicis, vit en 1513, un jubilé où afflua grand et indicible nombre de peuple, mais où moyennant la pourvoyance divine, il fut si astucieusement conduit et gouverné, qu'il n'y eut créature qui y print nul inconvénient.... »

Il n'y eut donc pas les bousculades terribles du jubilé de 1502, mais, observe judicieusement Moulde la Clavière, « un gibet fut dressé sur la place, à l'usage des voleurs, ce qui concourut à assurer le bon ordre ».

Sous l'épiscopat d'Antoine de Chabannes, au jubilé de 1524, « le nombre, tant des régnicoles que des étrangers qui y vinrent, fut presque infini, malgré les bruits de peste et de guerre, semés par la malveillance des protestants. » (*Tablettes du Velay*). — « Il y vint des gens, et tant, dit Médicis, que je ne sais comment plus en fussent venus, si plus en eut pu tenir. »

« On y vit, rapporte de son côté le R. P. de Gissey, des Anglais, des Espagnols, des Italiens et des Grecs. L'ordre y fut parfait et personne ne mourut, hormis un homme qui, trop ardent de dévotion, s'étant placé sur quelque méchant ais, tomba et se rompit le col. » Médicis fournit aussi ce détail curieux : « On régla la dépense des pèlerins chez les hôteliers ; c'est à savoir : homme à cheval, douze sols six deniers par jour, et homme à pied, six sols trois deniers. »

*
* *

Mais avant de poursuivre l'histoire sommaire des jubilés, du XVIIme siècle à nos jours, il nous paraît nécessaire d'expliquer que si la dévotion à Notre-Dame d'Anis fut incontestablement le grand ressort de ce prodigieux concours de peuple au Puy, non seulement aux jours des jubilés aniciens, mais aussi à l'époque des pèlerinages annuels du 15 août pour la fête de la Vierge, les foules qui s'y pressaient n'étaient cependant pas uniquement absorbées par leurs préoccupations religieuses. Le Chapitre lui-même avaiten couragé des distractions profanes qui étaient, pour un grand nombre de visiteurs, des dérivatifs à leurs pieux exercices, et permettaient à tous d'accéder à tour de rôle dans la basilique.

C'est que la cité d'Anis n'était pas seulement célèbre par son sanctuaire : elle renfermait des écoles si fameuses que les plus grandes familles du Dauphiné et du Languedoc y faisaient instruire leurs enfants; et une université, dite de Saint-Mayol, qui s'enorgueillissait d'avoir formé l'illustre archevêque de Vienne, Léger, abbé de Saint-Bernard. Le Puy vivait d'une vie intellectuelle intense, favorisée encore par l'afflux constant des pèlerins étrangers; et à cette époque de jeux floraux, de tournois littéraires, de cours d'amour comme on dirait aujourd'hui, il était nécessairement un centre de ralliement pour les beaux esprits, les lettrés, les clercs, les troubadours et les trouvères qui se disputaient, sous les yeux d'un aréopage féminin, les prix de poésie et d'éloquence, de musique et de chant.

Il en fut ainsi en effet, et les cours du Puy, *Cortz del Puei,* étaient universellement connues et suivies. Les dames du plus haut lignage ne dédaignaient point de s'y rendre et d'y couronner le vainqueur. — Ainsi y vit-on Aliénor de Guyenne, sa fille, la comtesse Marie de Champagne, la comtesse Ermengarde de Narbonne, etc., et la mémoire du peuple a conservé le souvenir des décisions rendues par ces grandes dames.

Les cours du Puy avaient d'ailleurs la spécialité d'un usage très singulier. A une époque où le faste était une sorte de devoir de chevalerie, les fêtes des cours provoquaient à de hautes libéralités les seigneurs réunis dans les murs de la cité anicienne. Il s'agissait de faire payer par le plus généreux, les frais parfois très lourds de la fête. A cet effet, dans un angle de la salle de réunion, se tenait un serviteur, avec, sur le poing, un épervier. Celui qui voulait prendre à sa charge le coût de la fête, allait droit à l'épervier et s'en emparait. Il était alors proclamé seigneur de la Cour, et cet honneur était si flatteur que plus d'un baron se ruina à le conquérir.

« Les divertissements de l'esprit n'étaient pas au surplus les seuls en faveur dans la cour du Puy. Il y avait également place, dit un historien du Velay, pour les luttes corporelles si chères à cette société féodale, avide de politesse et d'élégance, mais éprise surtout de force et de bravoure.... La lice fut maintes fois rougie de sang, et plus d'un écuyer gagna ses éperons dans ces joutes dangereuses. »

Mais revenons aux inspirations plus aimables des muses; et comme nous ne voudrions pas laisser le lecteur sous une impression trop profane, faisons crédit à tous les auteurs qui affirment que ces réunions de plaisir après les dévotions à la Vierge très pure, conservaient, même dans les fantaisies légères de ses poètes les plus galants, le respect du voisinage sacré de l'église. S'il était admis que l'on chantât les joies terrestres, on ne négligeait pas pour cela les choses du Ciel, les discussions théologiques et les plus ardus problèmes philosophiques.

C'est ainsi que le chanoine de Maguelonne, Deusde de Prades, un des plus habiles poètes de la langue d'oc, composa sur les quatre vertus cardinales, un poëme qui se termine par cet hommage à Estève de Chalençon, évêque du Puy : « Allez, ô mes vers, allez droit au Puy, et daigne le Seigneur vous conduire sans encombre là où réside l'évêque Estève. Si vous le trouvez, ne doutez pas d'être bien accueillis, honorés et gracieusés; dites-lui de suite : c'est Deusde de Prades qui a fait cet ouvrage. — Ici est la fin de mon poème. Que le Nom de Dieu soit béni. »

Et maintenant, reprenons l'histoire des jubilés aniciens du XVIIme siècle.

Jubilés de 1622-1635-1644.

Nous voici au XVIIme siècle; c'est l'heure où l'esprit de révolte agite les peuples. Luther, depuis un siècle, s'est séparé de Rome sur la question même des indulgences. Calvin lui a fait écho en France, et réclame spécialement la suppression des cérémonies religieuses. Qu'est-ce que le jubilé du Puy qui se prépare pour l'année 1622, va devenir dans ce conflit religieux, alors qu'il repose sur l'indulgence de l'Eglise et se déroule dans la pompe des cérémonies catholiques ?

A la demande du roi Louis XIII et de l'évêque Just de Serres, Grégoire XV, par décision en date du 21 décembre 1621, étendit pour toujours, à toute l'octave, le privilège accordé par ses prédécesseurs, pour le jour de l'Annonciation ; et les chroniqueurs se mettent d'accord pour déclarer : « qu'il n'y eut pas moins de trois cent mille personnes. » — « Il y en eût eu davantage encore, dit le chanoine Bernard, si les réformés n'avaient bouché plusieurs avenues, et retenu dans leurs maisons beaucoup de gens de bien et dévots à la sainte Vierge. »

« Il régna un ordre admirable, au dehors et au dedans de l'Eglise. La sainte image de Notre Dame avait été exposée près de la porte du cloître, rehaussée sur un échafaud, devant les effigies des neuf preux, avec le saint Sacrement et force reliques. Trois barrières régularisaient le mouvement.... On avait mis douze soldats au roc Corneille, et trois corps de garde se tenaient, l'un à l'esplanade de Saint-Vosy et les deux autres aux places du Martouret et des Tables. »

« Ainsi en fut-il, jusqu'au lundi de Pâques, où le duc de Ventadour, lieutenant-général du

Languedoc, venu au Puy avec la duchesse et trois de ses fils, fit prendre l'épée à la bourgeoisie.

« On afficha une taxe sur le pain et le vin, avec défense de l'outrepasser, dit Théodose, sous peine de galères. — Le soir, les maisons allumaient des lanternes aux fenêtres, jusqu'au son d'une grosse cloche qui avertissait de ne plus se trouver dehors; et l'on avait si bien obvié à toutes sortes d'inconvénients, que rien ne troubla la solennité de ces huit journées. »

Sous Urbain VIII, pape, Louis XIII étant roi de France et Just de Serres évêque du Puy, le jubilé de 1633 fut plus populeux encore que celui de 1622. Et Théodose ne manque pas de s'émerveiller « du nombre innombrable de peuple qui vint le gagner, malgré les bruits de peste malicieusement semés par les hérétiques. » — « Le temps fut tel pendant l'octave et quelques jours après, ajoute le chanoine Bernard, qu'il semblait que mars eût fait vœu d'arrêter ses giboulées, pour ne point gêner la dévotion des fidèles. » Et de son côté, le chroniqueur Jacmon complète ainsi la déclaration du chanoine Bernard : « Bien que deux jours avant le jubilé, il fit le plus furieux temps de froid, une grande bise noire et triste, — au Jeudi-Saint se leva le plus admirable temps clair, et luisant, et chaud, et sec, comme si nous étions en été. »

« A ce jubilé, observe un chroniqueur, on donna la communion le Vendredi-Saint. »

Urbain VIII était toujours pape, Louis XIV était roi de France, et Henri de Maupas, évêque du Puy, quand vint le grand pardon de 1644.

« Les avenues (c'est-à-dire les routes) n'avaient jamais été si fâcheuses à cause des neiges, dit le chanoine Bernard, et l'on croyait que l'on y verrait fort peu d'étrangers, tant à cause de cette incommodité que des faux bruits qui avaient été semés. Néanmoins, quasi par miracle, on y a vu plus de gens de condition, et bien autant d'autres qu'es précédents. »

« Immense fut le concours des pèlerins, lit-on dans le rapport du chanoine Ponderoux ; et pour faciliter le passage du peuple dont toutes les rues étaient remplies, on fut obligé d'abattre tous les étaux ou tabliers. Les gens étaient si pressés par la soif qu'on était obligé, pour les soulager, de leur jeter de l'eau par les fenêtres (comme en 1502) ; les églises de la ville étaient entièrement remplies ; on confessa dans les cimetières (alors près des églises), les cloîtres, les places voisines du sanctuaire, etc.... Malgré la prodigieuse quantité d'hosties qu'on avait consacrées à la cathédrale, elles manquèrent le Vendredi-Saint. »

Jubilés de 1701 et 1712.

Etait-ce le chant du cygne? Il allait y avoir un grand pardon en 1701; mais à cette aurore du XVIIIme siècle, en vérité, n'était-ce pas fini des grandes manifestations de foi du Moyen Age?

C'est un des plus documentés parmi les historiens du Puy qui va nous donner la réponse : « L'Europe, dit-il, sembla s'être ébranlée. Il fallut pour empêcher le peuple de s'étouffer », autour des tribunaux de pénitence improvisés pour satisfaire au vœu de la foule immense, « il fallut mettre deux soldats à chaque confessionnal; et pendant l'octave, on distribua la sainte communion depuis le point du jour jusqu'à vêpres, et même jusqu'à la tombée de la nuit. »

« L'abondance de la neige, qui, dès le second jour tomba à gros flocons ne diminua en rien l'affluence des étrangers; et les fruits de ce jubilé s'épandirent sur la France et même sur l'Europe entière. On y vit des pèlerins d'Italie, d'Espagne, d'Angleterre, d'Allemagne, etc.... — Pendant l'octave, la basilique fut comme assiégée. Pour maintenir l'ordre, il fallut un piquet de soldats à chaque extrémité de la sainte Table. »

C'est à la suite de ce jubilé, qui eut un retentissement immense, que le Souverain Pontife

Clément XI, qui en avait demandé une relation, prolongea l'indulgence du grand pardon, jusqu'au dimanche de Quasimodo, mais pour une fois seulement.

Benoît XII rendit en 1727, la concession perpétuelle et l'indulgence applicable aux âmes du Purgatoire.

Jubilés de 1785 et 1796.

Pie VI siège à Rome; Louis XVI règne à Paris et Marie-Joseph de Galard de Terraube gouverne le diocèse du Puy. — Les pseudo-philosophes ont perverti les esprits ; les sociétés secrètes ont juré la ruine de l'Eglise et de la monarchie. Pendant que les naïfs se laissent prendre à des dehors humanitaires et à des apparences idylliques, on entend des craquements sinistres, et la Terreur aiguise son couperet.

Cependant au Puy rien n'est changé. Mgr de Galard prépare le grand pardon de 1785. Il a fait appel à d'éminents prédicateurs étrangers; tous les prêtres ont reçu des pouvoirs extraordinaires, et la foule des pénitents se presse bientôt dans la basilique de Notre-Dame.

La foule est cependant moins considérable qu'en 1727. On décompte seulement quatre-vingt mille étrangers; mais la dévotion des pèlerins n'en est que plus ardente. Pendant toute la durée du jubilé, les cabarets restèrent déserts, et il n'y eut pas de femmes et très peu d'hommes qui n'approchassent des sacrements.

Peut-on comprendre que six ans plus tard, tandis que la tempête révolutionnaire, soufflant avec furie, emportait la plus vieille monarchie de l'Europe, et que la France très chrétienne jetait en prison et à la guillotine ses meilleurs citoyens, ce même peuple du Puy laissait brûler sur un bûcher, place du Martouret, la statue vénérée de la Vierge ?

Et il ne s'est pas trouvé un homme de cœur pour la défendre, cette statue de bois noircie par les siècles, tout imprégnée de prières, et que les peuples avaient entourée de tant de filial amour ; pas même un citoyen curieux du mystère qu'elle renfermait et qui se dévoila lorsque, sous l'action du feu, on s'aperçut qu'elle était en réalité un reliquaire et que des parchemins s'en échappaient !

La peur, la peur hideuse, paralysa tous les assistants ; et cette image sacrée que tant de belles légendes entouraient, ce présent d'un de nos rois, Dagobert, Clovis II ou saint Louis, cette image de Celle dont on ne comptait pas les bienfaits et les miracles, fut réduite en cendres sans une protestation, sans un geste, en même temps qu'étaient anéantis tous les témoignages, tous les *ex-voto* de plus de mille ans de reconnaissance et d'amour.

Car ils étaient si innombrables, ces *ex-voto* de la vieille basilique, que le franciscain Théodose de Bergame avoue « avoir fait le dessein, en écrivant son livre à la gloire de cette tant renommée église du Puy, de n'en point parler du tout, sous un juste et pertinent prétexte, qui est que si on voulait raconter quoique brièvement tous les miracles, une rame de papier ne suffirait pas pour le faire : Joint qu'étant si communs et fréquents, Messieurs les chanoines n'en ont tenu aucun registre ordinaire ; et s'ils l'ont fait anciennement, le désastre du feu nous en a privés. »

« Néanmoins, ajoute-t-il, pour aucunement satisfaire au pieux souhait des lecteurs, je les prierai en premier lieu, de prendre la peine qu'ils seront montés en cette angélique et miraculeuse église, bâtie depuis quatorze cents ans, de regarder les chaînes, colliers, menottes de fer, les hommes tout armés, les navires, potences, étendards, tableaux et autres figures et représentations pendues hors et dedans icelle, et d'en demander la signification ; et on leur répondra que ce sont les mémoires et témoignages des grâces et miracles qui ont été faits par l'intercession de Notre-Dame, et que si on en eût gardé toutes les marques, toute l'église, quoique fort spacieuse, serait incapable de les recevoir.... »

Ne nous attardons pas aux horreurs de la période révolutionnaire. La folie de sang fut partout la même. Mgr de Galard était en exil; une créature immonde polluait l'autel de l'Immaculée; et cependant l'année 1796 allait ramener la grande grâce d'un nouveau jubilé.

En vue de cet événement, et en considération des temps encore si troublés, le Souverain Pontife Pie VI, par un bref du 23 janvier de la même année, suspendait l'indulgence du sanctuaire angélique, mais accordait un nouveau pardon à gagner, dans tel temps et en tel lieu du diocèse que les circonstances le permettraient, en évitant le contact des schismatiques. — Ce jubilé dura huit jours, et il put être gagné par les expatriés, sur la terre d'exil.

« Le jubilé, dit Caillau, fut renvoyé à l'octave de la Fête-Dieu; et à celle de saint Pierre et de saint Paul pour les fidèles qui, pendant la première époque, n'auraient pu se confesser et communier. A la visite de la cathédrale, on avait substitué celle de tout oratoire catholique. Les granges et les cabanes tinrent lieu d'église. »

Un seul détail : le 28 juin, plus de trois mille personnes entendirent ostensiblement la messe à Sainte-Sigolène, la main sur leurs fusils, pour résister aux assaillants qui s'étaient annoncés; — mais en présence de l'attitude résolue des catholiques, ceux-ci tournèrent court.

Jubilés de 1842-1855-1864-1921.

Le siège du Puy, un instant supprimé par le concordat de Pie VII et de Bonaparte, fut rétabli en la personne de Mgr de Bonald, fils de l'illustre écrivain, en 1827.

En 1841, un bref de Grégoire XVI, confirma à perpétuité le jubilé anicien et l'étendit à douze jours, pour l'année 1842 seulement.

Mgr Darcimoles occupait alors le siège du Puy, et dans une lettre pastorale, il invita ses diocésains, n'osant encore étendre son appel au delà de son diocèse, à venir profiter des faveurs jubilaires de Marie, dans « la chambre angélique », où une reproduction de la précieuse statue avait été érigée.

La réussite dépassa toutes les espérances. La garnison elle-même gagna son jubilé, et il entra dans la basilique plus de cent-cinquante mille pèlerins. Les montagnards du Mezenc, hommes, femmes et enfants, partirent tous le même jour, pour le Puy. Ce fut l'exode de tout un peuple, malgré la neige qui tombait à gros flocons.

En 1853, sous Mgr de Morlhon, qui devait être en 1864, l'évêque de la grande Madone de bronze, érigée sur le rocher Corneille, et fondue avec les canons pris à Sébastopol, le Puy eut encore un magnifique jubilé.

« Jamais, écrit Monlezun, aux plus beaux âges du christianisme, l'affluence n'avait été plus considérable. Les pèlerins furent environ trois cent mille : la ville en renfermait quatre-vingt mille, la veille de la clôture. On tint les églises ouvertes pour fournir un abri à ceux qui n'avaient pas pu en trouver ailleurs. »

Mgr de Morlhon se déclara le plus heureux des évêques de France et peut-être de toute l'Eglise.

Les pèlerins de la montagne témoignèrent du plus héroïque courage. « Le froid était intense et la neige était tombée avec abondance. A Saint-Jean-Lachalm, on réunit le gros bétail de la commune; on le fit suivre des moutons que l'on put rassembler, et à la suite de ces pionniers d'un nouveau genre, les hommes achevant l'œuvre des animaux, créèrent un chemin pour les femmes. »

Pie IX, dans un bref du 16 février 1864, confirma à perpétuité le jubilé d'Anis et lui accorda, pour cette année seulement, douze jours pleins, à compter du Jeudi-Saint. Mgr Pierre-Marc Le Breton présida cette fête religieuse où des centaines de mille âmes ont gagné leur jubilé, tandis que la ville pavoisait, et chaque soir illuminait en l'honneur de l'image colossale de Notre-Dame de France; et que, de toutes parts, pendant toute la durée du jubilé, les pèlerins que rien n'arrêtait, ne cessèrent, malgré la neige, d'affluer.

Par un rescrit du Saint-Siège, en date du 13 janvier 1910, Mgr Boutry évêque du Puy, obtint de Pie X, avec la confirmation du jubilé anicien, sa prolongation à dix-huit jours, du Jeudi-Saint au dimanche après Pâques inclusivement, et cela pour 1910.

Ce fut l'occasion pour Mgr du Puy, d'écrire une belle et éloquente lettre pastorale, où, s'adressant à la fois à ses diocésains et aux fidèles étrangers, il les engage vivement à venir comme jadis au jubilé de Notre-Dame du Puy, à cette heure Notre-Dame de France.

En dépit des pronostics pessimistes et quoique les ingénieurs des Compagnies des chemins de fer paraissent avoir bien fait tous leurs efforts pour embouteiller Le Puy, en écartant de lui les grandes voies largement desservies, l'appel de l'évêque fut entendu, et les fêtes du jubilé se déroulèrent au Puy au milieu d'une affluence énorme, dans une atmosphère de foi, d'amour et d'enthousiasme, où les vieux chroniqueurs que nous avons cités eussent reconnu les pèlerins fidèles de la Vierge d'Anis.

Le même entraînement devait se retrouver en 1921 où le nombre des pèlerins étrangers dépassa cent mille; et il se retrouvera certainement encore en 1932; car ce serait une étrange superstition de croire qu'en détruisant l'image sacrée que la tradition prétendait avoir été sculptée par Jérémie, le prophète qui annonça la Vierge, Mère du Sauveur, les brutes terroristes aient fait le vide sur l'autel de Notre-Dame. Nous regrettons assurément cette image vers laquelle sont allés tant de prières et tant d'amour; mais celle qui l'a remplacée sur l'autel de la basilique, comme celle qui maintenant couronne le rocher Corneille, c'est Celle que les barbares ne peuvent pas détruire, c'est Elle, toujours Elle, la Vierge de tous les pardons, la Mère de toutes les miséricordes.

*
* *

Le sanctuaire du Puy ne serait-il qu'un de ces lieux privilégiés de la Vierge, dont les jubilés, selon l'expression d'un historien, remuaient le monde, tandis que la Mère de Dieu y recevait, plus que dans aucun autre des sanctuaires qui lui sont dédiés, un culte filial d'amour, de respect et de vénération, que cela suffirait à placer dans une atmosphère de vraisemblance, sinon encore de certitude, les faits historiques que nous allons bientôt aborder. Mais avant d'en arriver à ce point essentiel de notre étude, qu'il nous soit permis d'ajouter encore quelques rayons à la couronne de gloire de Notre-Dame du Puy.

L'Eglise anicienne jouissait en effet de singuliers et précieux privilèges. Administrée, comme nous l'avons dit, par un évêque qui relevait directement du Saint-Père et un Chapitre dont tous les chanoines portaient la mitre et la crosse, elle fut fréquemment un lieu de réunion pour les Conciles. C'est dans un Concile tenu au Puy en 1130, que Innocent II fut proclamé Pape, à l'encontre des prétentions d'Anaclet. C'est encore au Puy qu'en 1381 un autre Concile délibéra sur l'hérésie des Albigeois. D'autre part, c'est dans la cathédrale du Puy que les dauphins de France venaient prendre l'aumusse et chanter au chœur, s'honorant du titre de chanoines du Puy, dont ils revêtaient les insignes. — Dès le VIme siècle, un hôpital qui existe encore, était édifié au Puy pour recueillir et loger les pèlerins; — c'est au Puy, ainsi que l'avait prescrit l'empereur Charlemagne, que toute cette partie du pays de France qui comprenait le Languedoc, devait acquitter le denier de Saint-Pierre. — Le Puy avait vu naître celui qui fut le pape Clément IV. — Enfin c'est du Puy, le jour de l'Assomption, que le pape Urbain II se rendant à Clermont où il allait prêcher la Croisade, data la bulle de convocation adressée aux princes de l'Europe; et le représentant du Pape à cette première Croisade fut l'évêque du Puy, Adhémar de Monteil, saint et vaillant pontife, grande figure de l'histoire, auquel une tradition digne de foi, attribue le *Salve Regina*.

Mais je ne dois pas oublier que je n'écris pas l'histoire de Notre-Dame du Puy, et à regret je m'arrache à tant de souvenirs admirables, à tant de choses belles et passionnantes; à la cathédrale dont je n'ai rien dit, à l'audacieuse et exquise église aérienne de Saint-Michel érigée en 965, à 95 mètres du sol, sur le pic d'Aiguilhe, par l'évêque Gottescale; à cette magnifique statue de Notre-Dame de France et à son escalier intérieur qui permet d'accéder par 107 marches, jusque dans la couronne de la Vierge, tous monuments ou souvenirs qui proclament la renommée de Notre-Dame du Puy et l'amour de la France envers Elle.

CHAPITRE III

Les Fiefs. — Les Seigneurs dominants, Comtes suzerains pour l'hommage. — Les Comtes pour le domaine utile.

Nous nous proposons d'établir que la Vierge Marie, honorée au Puy sous les noms de Notre-Dame d'Anis, de Notre-Dame du Puy, de Notre-Dame du Puy Sainte-Marie, et encore, par les Espagnols, sous le nom de Notre-Dame de France au Puy, la Vierge du Velay, dont nous venons de rappeler sommairement, au précédent chapitre, l'histoire à jamais glorieuse au travers des siècles, fut, au temps de Charlemagne et par la volonté même du grand Empereur, créée Comtesse suzeraine pour l'hommage, Dame dominante de Lourdes et de sa citadelle; et plus tard, en 1062, par la volonté du comte de Bigorre, Bernard Ier, Dame suzeraine, dans les mêmes conditions, du comté de Bigorre tout entier.

Que faut-il en réalité entendre par ces expressions, de Dame ou de Comtesse suzeraine pour l'hommage, de Lourdes et de Bigorre ?

Il n'entre pas dans le plan de cet ouvrage, — et on le comprend, — de faire ici un cours de droit féodal. Mais encore convient-il, quand on souhaite d'être lu et compris par le plus grand nombre, de prévoir l'ignorance de quelques-uns, et d'y pourvoir.

Tout simplement, afin de ne point nous perdre en des distinctions présentement inutiles, disons que le comte fut généralement à l'origine, un chef militaire, auquel le souverain concédait, à titre de récompense pour ses services, des bénéfices territoriaux.

Sous le titre de « comte », il représentait sur le fief concédé, l'empereur ou le roi dont il était le délégué ; et bien que ces bénéfices fussent en principe personnels et révocables, le comte en jouissait sans trouble, aux seules conditions de rendre hommage à son souverain, quand il en était requis, de lui demeurer fidèle, et de lui assurer les services dus, aux termes de son contrat de vassalité.

Du moins en fut-il ainsi sous les deux premières races, tant que le pouvoir central fut fort et incontesté. — Mais, ainsi que nous l'avons déjà dit incidemment ci-dessus, après Charlemagne, la couronne de France vit à chaque règne nouveau, s'effriter sa puissance. Pour maintenir « les grands » dans la fidélité et l'obéissance envers le roi, celui-ci dut leur distribuer en toute propriété des fiefs, qui étaient pour l'époque de véritables royaumes; et leur concéder le droit de les transmettre à leurs héritiers. Les grands vassaux ne furent plus dès lors rattachés à la couronne que par le lien de leur loyalisme, et le droit plus nominal qu'effectif de la souveraineté du roi.

A l'exemple des grands vassaux dont les principaux fiefs furent les quatre duchés de France, de Normandie, d'Aquitaine et de Bourgogne, et les grands comtés de Flandre, de Languedoc et de Vermandois, plus tard de Champagne, les comtes de second ordre, dont pour un grand nombre, au surplus, les terres se trouvaient dans le voisinage des grands fiefs, les comtes, qui n'étaient au début, que les représentants du roi, s'empressèrent d'usurper sur les domaines dont ils avaient la jouissance, des droits de souveraineté que l'éloignement et la faiblesse du véritable propriétaire ne lui permettaient pas de contester. — La chose fut d'autant plus aisée, que non seulement le roi subit en silence ce dépouillement de ses droits, mais qu'il l'autorisa en quelque sorte, par un capitulaire célèbre, dit de Kierzy, dans lequel Charles le Chauve permit aux comtes de disposer de leurs fiefs, en faveur de leurs héritiers.

C'est de ce capitulaire que date la noblesse héréditaire.

Mais les fiefs ainsi transformés en petits états féodaux, n'ayant plus que des liens singulièrement relâchés, ou même complètement abolis, avec le pouvoir qui les avait créés, ne durent pas tarder à s'apercevoir que l'indépendance était plus difficile à conserver qu'à conquérir; et c'est ainsi que pour se protéger contre les convoitises de voisins ambitieux, ou même d'aventuriers redoutables, les comtes cherchèrent l'appui d'un seigneur puissant, duquel, par une fiction de droit, ils déclaraient tenir leurs fiefs, dont ils se disaient par là même, les vassaux, et auxquels ils rendaient foi et hommage.

Ces hauts protecteurs prenaient alors le titre même de leur vassal sans l'en déposséder, car ils étaient dits comtes « pour l'hommage », ou « seigneurs dominants », tandis que le vassal était dit « comte » « pour le domaine utile ».

Le droit féodal distingue, en effet, en ce qui concerne les fiefs, le domaine direct qui en est la propriété nominale, la suzeraineté, qui a droit à l'hommage, et le domaine utile qui en est la possession dans le sens le plus large, car elle comprend avec tous les attributs d'une maîtrise que rien n'entrave, le droit d'en percevoir les revenus, et celui de transmettre à des héritiers, les terres du comté, le titre de comte, et tous les privilèges attachés à ce titre !

D'autre part, l'abandon au seigneur dominant, du domaine direct, pour l'hommage, n'allait pas sans quelques avantages plus matériels, pour celui-ci. Il était dressé un contrat de vassalité, — contrat synallagmatique, que toutes parties juraient de fidèlement observer.

Le comte suzerain, le seigneur dominant, jurait le premier d'être bon et loyal seigneur, et de défendre son vassal contre tout préjudice et coup de force. Le vassal jurait à son tour d'être un bon et loyal sujet, prêt à défendre son seigneur, si besoin était, dans sa vie, son corps, sa juridiction, les droits de son autorité, la prééminence de sa qualité, etc... etc...; s'engageant enfin à ne prêter foi et hommage à aucun autre seigneur, sous peine de l'ouverture de son fief (c'est-à-dire de sa confiscation); et à remplir tous les autres devoirs accoutumés de la vassalité, lesquels renfermaient le mode convenu de l'hommage, et la fixation de la redevance annuelle due au suzerain s'il y avait lieu.

Nous disons : « le mode convenu de l'hommage » car il faut souligner ici, que la forme de l'hommage, qui était le geste symbolique par lequel étaient affirmées la suzeraineté d'une part et la vassalité de l'autre, variait suivant les lieux et la volonté des parties.

Ici, le vassal devait tenir le cheval de son suzerain, par la bride, jusqu'au seuil de la maison où serait prêté le serment de foi et d'hommage; — là, le vassal devait danser devant son seigneur; — ici, le baiser était un signe d'hommage; — là, le baiser pouvait être dû au verrou de la porte du suzerain. La forme de l'hommage va ainsi, des manifestations les plus sérieuses aux bouffonneries les plus plaisantes, et parfois les plus gauloises. Il peut consister dans l'offrande de fleurs et de fruits; dans l'échange de vêtements, etc.... Nous espérons démontrer qu'en ce qui concerne le mode de l'hommage de Lourdes envers la Vierge du Puy, il consista en l'apport de mottes de terre arrachées « du pré du comte ou du château », avec l'herbe qui les garnissait.

Mais nous en avons assez dit à ce sujet, du moins je l'espère, pour être compris de tous. Il nous reste maintenant à expliquer l'ordre dans lequel nous pensons présenter la thèse historique énoncée au début de ce chapitre.

On aura peut-être observé que nous avons distingué le droit suzerain de la Vierge, sur Lourdes et sa citadelle, et le même droit de Notre-Dame, sur le comté de Bigorre?

C'est qu'il nous apparaît, en effet, que si le droit de la Vierge sur l'entier comté de Bigorre tel qu'il a été concédé à Notre-Dame d'Anis, par le comte Bernard Ier en 1062, comprend nécessairement Lourdes et sa citadelle, il y a cependant le plus grand intérêt à ne pas renoncer aux droits antérieurs de la Vierge sur Lourdes et son château.

Or, c'est notre conviction que depuis trois siècles, au moment où, en 1062, Bernard Ier dressa l'acte qui renferme sa volonté, la Vierge du Puy était en possession de la suzeraineté, pour l'hommage, de Lourdes et de son château.

Les deux droits bien que se confondant en 1062, nous paraissent donc devoir être examinés séparément.

Parmi les érudits qui connaissent l'histoire de ce petit état féodal de la Bigorre, peut-être la déclaration qui précède causera-t-elle une surprise? C'est possible! Dans tous les cas, si le savant historien Pierre de Marca pouvait sortir de sa tombe fermée en 1662, il est bien certain qu'il me demanderait, non sans vivacité, car il était d'humeur batailleuse, avec une pointe d'ironie, où je pourrai bien prendre des titres à l'appui de cette assertion que Notre-Dame d'Anis était Dame et Comtesse pour l'hommage, du bourg et du château de Lourdes, avant de l'être du comté de Bigorre tout entier?

Marca s'est, effectivement, endormi dans le Seigneur avec la conviction qu'il avait réduit en poudre, le seul titre sur lequel pût reposer une pareille prétention, à savoir, une vieille charte apocryphe, dont il découvrit lui-même l'auteur, un moine anglais du nom de Marfin.

Cette charte conservée dans les archives de Pau, excita en effet l'indignation du scrupuleux historien, et ce, d'une façon d'autant plus violente, qu'il se prit un certain temps à la croire sincère, et qu'il a très involontairement contribué à sa divulgation par le R. P. Oddo de Gissey, historien de Notre-Dame du Puy.

Nous avons hâte de le dire, ce n'est pas cette charte qu'il nous plait de défendre, et de faire revivre, à l'encontre de l'unanimité des historiens qui s'en sont occupés. Non; je déclare partager à l'égard de ce document la conviction de mes devanciers, qu'il est apocryphe.

Mais ce point acquis, je me sépare formellement de tous les historiens officiels, sur les conséquences qu'ils en tirent; — et, je ne peux pas plus me rallier à leur opinion en ce qui concerne les motifs qui auraient fait écrire par un moine anglais du nom de Marfin, la légende consignée dans la charte en question, que je ne peux conclure de sa fausseté, qu'il est inutile de rechercher s'il n'y a cependant pas quelque chose à recueillir dans ce document, pour expliquer les rapports de Lourdes avec Notre-Dame du Puy, depuis Charlemagne, jusqu'à Bernard Ier !

En ce qui concerne les raisons pour lesquelles le moine Marfin aurait écrit la charte, les uns prêtent à son auteur présumé, un calcul du plus invraisemblable machiavélisme. Il aurait voulu favoriser ainsi les prétentions de son souverain, le roi d'Angleterre, à l'encontre des droits que réclamait le Chapitre du Puy sur Lourdes, sa citadelle et la Bigorre ! — Le roi d'Angleterre, disent-ils, contestait à Notre-Dame du Puy la suzeraineté sur Lourdes et son château, et le comté de Bigorre : le procès était pendant. Le roi d'Angleterre fit fabriquer cette fausse charte, afin que l'Eglise du Puy gagnât son procès, et lui vendît ensuite son droit de suzeraineté authentifié par une décision de justice !

Cette explication me paraît absolument inadmissible. C'est du pur roman feuilleton ; et je trouverais, en vérité, plus simple de croire à l'authenticité de la charte, encore que tout s'y oppose, que d'admettre cette façon détournée de mettre en doute la sincérité des droits de l'Eglise du Puy.

Les autres, et à leur tête, Pierre de Marca, ne voient plus, dans l'auteur de la charte, le sujet anglais faisant un faux, pour aider son souverain à perdre son procès afin de donner une réalité au droit en litige ; mais leur opinion est aussi tendancieuse que la première : Ils voient en Marfin le moine fanatique, inventant de toutes pièces une légende absurde, pour aider l'Eglise du Puy à gagner son procès contre le roi d'Angleterre.

Il suffit de répondre qu'en fait, l'Eglise du Puy ne fit à aucun moment, au cours du procès qu'elle soutint contre le roi d'Angleterre, état de la charte en question et des légendes qu'elle renferme. Elle fit, en effet, reposer ses prétentions, uniquement sur le diplôme de 1062, de Bernard, comte de Bigorre, et le traité de Thibaut II de Navarre. Tout simplement, la charte de Marfin doit être l'œuvre d'imagination d'un moine, inspiré peut-être par les armoiries de Lourdes, qu'il crut interpréter; — nous les expliquerons plus loin.

Elle est apocryphe; cela ne fait de doute pour personne; et peut-être pensera-t-on que j'eusse pu la passer sous silence?

Je n'en ferai rien; car si je ne suis pas d'humeur à batailler contre les moulins à vent, j'estime comme M. Rocher, l'historien du Velay, « qu'un caractère essentiel et presque invariable des chartes apocryphes, c'est qu'elles reposent d'habitude sur un fondement réel, ou tout au moins, qu'elles contiennent comme les monnaies fausses, un alliage de vérité. Elles ne créent point le néant, elles ne sont pas de purs êtres de raison! Qu'elles défigurent les personnages, violent les dates, altèrent les données générales, et sautent à pieds joints la chronologie de l'histoire, voilà qui est incontestable; mais qu'elles s'agitent uniquement dans le vide, et soient d'absolues fictions, c'est ce qui ne saurait être accordé. L'erreur, a-t-on dit justement, ne se soutient que par la part de vérité qu'elle renferme. Il en est de même de l'erreur des faussaires du Moyen Age. »

D'autre part, et au sujet même de cette charte apocryphe du moine Marfin, M. de Lagrèze, conseiller à la Cour d'appel de Pau, très érudit et très prudent historien du Béarn et de la Bigorre, a écrit : « Au lieu de jeter un sourire de dérision sur cette étrange légende, ne serait-ce pas une chose curieuse, d'en rechercher la source, d'en interroger l'origine, et de distraire les détails historiques, des circonstances fabuleuses avec lesquelles on les a confondues ? »

Programme plein de sagesse, et dont il y a lieu seulement de regretter que M. de Lagrèze ait laissé à d'autres le soin de le remplir.

Donc, je crois devoir consacrer le chapitre qui va suivre à l'examen de la charte du moine Marfin, à l'effet d'y rechercher « le fondement réel sur lequel elle repose » ou selon la formule de M. de Lagrèze, « la source et l'origine, et d'en distraire les détails historiques, des circonstances fabuleuses avec lesquelles on les a confondues. »

Nous aborderons ensuite, dans les chapitres suivants, le terrain de l'histoire, authentifiée par des titres incontestables et incontestés ; et d'abord, ce diplôme du comte Bernard Ier, plaçant en 1062 son entier comté de Bigorre sous la suzeraincté de Notre-Dame d'Anis

CHAPITRE IV

La Charte apocryphe du moine Marfin. — Le Fait et la Tradition. — Les Armoiries de Lourdes.

La charte apocryphe conservée aux archives de Pau n'est pas si longue que nous nous croyions obligés de la résumer. Nous la donnerons, d'abord incomplète, et telle que le R. P. Oddo de Gissey, la rapporte dans un de ses discours sur Notre-Dame du Puy, en déclarant la tenir de l'historien Pierre de Marca. — (Nous modernisons ici, comme nous l'avons fait plusieurs fois déjà, pour d'autres citations, le français archaïque du R. P. de Gissey et de l'historien Marca, afin d'en faciliter la lecture).

Charte résumée par le R. P. de Gissey :

« Charlemagne poursuivant ses conquêtes du côté de l'Espagne, et ayant déjà pris tout ce qui était de la comté de Bigorre, hormis le château de Mirambel, appelé de présent « Lourdes »; le seigneur de cette place ne se voulut rendre à homme mortel, tandis qu'il pourrait résister, voire un seul jour, en cette place assiégée de trois endroits, par Charles le Grand, lequel attristé de ce long siège, le voulait quitter, lorsque l'évêque du Puy l'avertit de vouloir recourir à Notre-Dame du Puy, et l'implorer à son aide. Ce qu'étant fait, l'évêque du Puy aboucha le seigneur assiégé. — « Puisque, dit-il, vous ne voulez vous rendre à aucun seigneur, rendez-vous à une Dame : c'est la Mère de Dieu révérée au Puy. » — Alors, Mirat, c'était le nom de ce seigneur : « J'en suis content », répondit-il ; et après quelques discours tenus par ensemble, l'évêque fait savoir à Charlemagne, la composition qu'il avait faite avec Mirat. Charlemagne, comme prince très chrétien, fut fort aise de ce traité, par lequel, un seigneur mécréant se rendait à la Reyne des croyants, la Mère de Dieu, Notre-Dame du Puy. Partant, il lève le siège de devant Mirambel, et Mirat, en même temps, s'achemine au Puy avec ses gens, tous portant lances d'où pendillaient des liens façonnés de foin cueilli de la prairie en laquelle il était, lorsqu'il se fit homme-lige de Notre-Dame du Puy. — Où, arrivé, et rendant l'hommage promis à Notre-Dame du Puy, il joncha de ce foin, son église, et s'y fit baptiser avec son train, prenant au baptême le nom de Lordus, d'où peu après, changeant le nom à son Mirambel, il l'appela Lourdes, selon qu'encore aujourd'hui on le nomme.

« Notez en passant que le comté de Horre, spécifié en ce titre latin, n'est autre que le comté de Bigorre, comme qui dirait *Vicus Horræ,* Vic-Horre ou Vigorre. Horre était pour lors la capitale du pays, laquelle depuis a changé son nom et s'est surnommée Saint-Lizier, divers toutefois de celui de Cozerans.

« Depuis Mirat ou Lordus, tous les comtes de Bigorre ses successeurs, à leur arrivée à la seigneurie de ce comté, se sont toujours rendus à Notre-Dame du Puy pour lui rendre hommage, suivis d'une partie de leur noblesse, au même équipage que Mirat s'y rendit, c'est-à-dire avec liens de foin pendant du bout de leurs lances, afin d'en faire joncher en l'église de Notre-Dame du Puy : — et a duré cette cérémonie jusque à Centulle, comte de Bigorre, savoir depuis environ l'an 800 qui était le règne de Charlemagne, jusqu'en l'an 1118, que Centulle changea ces liens de foin en soixante-cinq sols Morlaas (c'était une monnaie de la saison d'alors), payable tous les ans par lui, et les siens pour l'avenir, à Notre-Dame du Puy. »

M. Rocher, historien du Velay, déclare : « Cette légende n'est pas née au Puy; elle nous vient des

Marches d'Espagne. — Les armes de la ville de Lourdes rendent encore témoignage du fait merveilleux de l'aigle et du poisson, que Gissey ne relève pas dans son récit, mais qui est soigneusement reproduit dans le titre latin. »

Ecoutons à son tour Pierre de Marca :

« On trouve, dit-il, cette narration dans un parchemin qui est au trésor de Pau, intitulé *les Fors de Bigorre*, où il est écrit que Charlemagne, roi de France, empereur romain, se rendit maître de tout le comté de Bigorre, excepté du château de Mirambel, qu'il assiégea longuement, sans que Mirat, qui était le seigneur du château, voulût se rendre sous aucune condition. De sorte que le roy, ennuyé de la longueur du siège, était sur le point de se retirer, laissant néanmoins ses troupes dans leurs retranchements. Mais Notre-Dame du Puy commença à faire des merveilles, car une aigle porta un grand poisson en vie, à l'endroit le plus haut du château, que l'on nomme encore la pierre de l'aigle. Mirat prenant ses avantages de cette rencontre, envoya le poisson à Charlemagne, et lui fit dire qu'il n'était pas si court de vivres, comme il pensait, puisqu'il prenait de tels poissons en son vivier, — ce qui fâcha extrêmement le roy. Mais l'évêque du Puy qui avait connaissance de toute l'affaire, le rassura en lui disant que Notre-Dame commençait à témoigner ses merveilles; et sous l'aveu du roy, alla conférer avec Mirat, lui proposant de se rendre à Notre-Dame, puisqu'il refusait d'être vassal de Charlemagne. A quoi, Mirat condescendit, à la charge de relever d'Elle sa terre, sans perdre sa liberté : ayant baillé à l'évêque une poignée de foin pour tenir lieu de reconnaissance. Charlemagne confirma le traité; et en exécution d'icelui, Mirat alla vers le Puy, portant, et tous ceux de sa suite, au bout de lances, des bottes de foin dont ils firent litière en l'Eglise Notre-Dame; où Mirat ayant reçu le baptême, fut nommé Lordus; et revenu qu'il fut, changea le nom de son château Mirambel et le nomma Lorde. Depuis ce temps, tous les comtes de Bigorre qui allaient prendre leur chevalerie à Sainte-Marie du Puy, portaient, eux, et ceux de leur suite, au bout de leurs lances, des bottes de foin qui avaient été cueillies au pré du comte de Lorde, pour en faire litière en l'honneur de la Vierge, jusqu'au temps du comte Centulle, lequel en l'année MCXVIII, changea le fief de foin en la redevance de LXIV sols Morlaas, payables annuellement par soi et ses successeurs. »

Après avoir donné le texte à peu près complet de la charte, Marca poursuit : « Si le lecteur s'est pu commander à ce point, de lire cette narration avec patience, il aura découvert l'impertinence de l'auteur qui nous propose dans son discours du foin, pour parler avec mépris, suivant la phrase des anciens, Charlemagne empereur des Romains, longtemps avant qu'il le fût. Car ce prétendu siège doit être rapporté au temps du passage de Charlemagne en Espagne, qui arriva l'an 778. La longueur d'icelui et l'ennui qu'il donna à ce prince sortent de la tête creuse d'un homme, qui voudrait persuader que cette action d'emporter le château de Lourdes, donna autant de peine que toute la conquête de la Navarre et de l'Aragon, qui fut exploitée en deux mois. Joint que le transport du poisson fait par l'aigle, n'a nul rapport à l'impression qu'il fallait donner à Mirat de se rendre. Cet auteur paraît autant inepte à l'observation qu'il fait que ci-devant le pays de Bigorre se nommait Horre et le lieu de Saint-Lizier, Vicus, — mais que du temps de ce Mirat, on joignit les deux noms pour faire la dénomination de Bigorre. Lors aussi, dit-il, la ville épiscopale que l'on nomme Tare, fut dénommée Tarvia, par la composition de Tare et de Via, à cause des divers chemins qui aboutissent à cette ville, en considération du siège épiscopal.

« Il faudrait avoir un bon estomac pour digérer toutes ces faiblesses, qui ont été forgées pour autoriser la supériorité de l'Eglise du Puy sur le comté de Bigorre, en rapportant l'origine de cette dépendance à Charlemagne.

« Je fournis, il y a quelque temps, cette pièce au P. Oddo de Gissey, de la Compagnie de Jésus, qui l'a insérée au livre III chapitre XVIII de ses *Discours historiques de Notre-Dame du Puy,* seconde édition.

« Pour lors, j'avais quelque opinion de la vérité de cette narration, au fond de la chose, quoique je découvrisse les impertinences aux circonstances; estimant que les Sarrasins qui avaient retenu quelques places fortes sur les embouchures des Pyrénées, avaient été soigneux de conserver le château de Lorde, qui était très propre à ce dessein, et que Charlemagne avait déniché de place celui qui commandait en qualité de gouverneur pour les Maures (telle étant la force de la diction Miratus, ou pour mieux dire, Amiràtus, comme les historiens du temps nomment les chefs sarrasins) et donné le vasselage de la terre, à Notre-Dame du Puy; ce qui semble d'autant plus apparent, qu'en effet cette Eglise avait été maintenue par arrêt du Parlement de la Chandeleur 1291 contre le roi d'Angleterre, en l'hommage de ce comté.

« Mais comme le défaut des meilleures instructions rendait en quelque façon plausible, cette fourbe, je fus obligé de la rejeter avec plus de véhémence, ayant découvert la surprise, au moyen de l'acte ci-dessus produit de l'an 1062, par lequel il appert que le comte Bernard de Bigorre soumit et dévoua son comté à la protection de Notre-Dame du Puy, sans faire nulle sorte de mention du siège de Lourdes, du sarrasin Mirat, ni de son vasselage avec l'aveu de Charlemagne, des bottes de foin ni d'aucun autre motif qu'il ait eu pour le faire, que celui de sa piété et de sa religion. »

Ne semble-t-il pas que voilà bien des efforts pour enfoncer une porte ouverte ? Il est d'évidence que la charte est une histoire naïve, naïvement racontée par un moine probablement très crédule et très imaginatif ; mais plus on en démontre l'enfantillage, plus on fait la preuve qu'elle n'a pas été écrite pour favoriser la prétention de l'Eglise du Puy contre le roi d'Angleterre, puisque Pierre de Marca lui-même, sans s'apercevoir de la contradiction de son raisonnement, admet que la charte aurait été écrite après l'arrêt du Parlement de la Chandeleur de 1291, qui maintint, dit-il, l'Eglise du Puy, en l'hommage de ce comté ! Mais avant de donner plus amplement notre propre sentiment sur les traditions, où, de toute évidence, le R. P. de Gissey a puisé le redressement relatif de la puérile légende de la charte de Marfin, il nous paraît intéressant de demander à M. de Lagrèze quelle est son opinion... non pas sur l'authenticité de la charte, car de ce chef, tout le monde pense de même, mais sur ce qu'elle peut renfermer de vérité.

M. de Lagrèze nous fait connaître le texte complet de la charte, ce qui permet de rétablir le dialogue supposé entre le sarrasin Mirat et l'évêque du Puy : « Mirat, puisque tu ne veux pas te rendre à Charles le grand, le mortel le plus illustre de l'univers, puisque tu ne veux pas reconnaître un maître, reconnais du moins, une maîtresse? Rends-toi à la plus noble Dame qui fut jamais, — la Mère de Dieu, Sainte-Marie du Puy? Je suis son serviteur : deviens son chevalier? — A ces mots, Mirat déjà éclairé d'en haut, par un rayon de la grâce, lui dit : « Je rends les armes, et je me livre avec tout ce qui m'appartient, à la Mère du Seigneur, à Sainte-Marie du Puy. Je consens en son honneur à me faire chrétien, et à devenir son chevalier; mais j'entends m'engager librement, et je veux que mon comté ne relève jamais que d'Elle seule, soit pour moi, soit pour mes descendants.... »

Après quoi, le distingué magistrat relève une à une les critiques de Pierre de Marca et il répond : « Ces objections ne sont pas sans réplique; et leur réfutation est loin d'offrir de grandes difficultés. »

« Charlemagne a dû passer par Lourdes, s'il a été réellement, comme on le dit, le restaurateur de Saint-Savin. Son nom est partout écrit dans nos montagnes, qui conservent encore de lui de merveilleux et féeriques souvenirs.

« Que le nom d'Empereur lui aït été donné par anticipation, ou en racontant des faits antérieurs à son couronnement d'Italie, cet anachronisme ne signifie pas grand chose, car il est très fréquent dans nos vieux légendaires.

« Nous avons dit, ailleurs, qu'un reste de Sarrasins réfugié dans nos contrées avait été défait aux champs de Lannes Mourines. Les vaincus ont pu chercher asile dans le fort de Mirambel. Charlemagne, en passant, a tenté de les conquérir à la foi chrétienne : jusque là on ne rencontre aucune invraisemblance insurmontable.

« Mais ces bottes de foin, n'ont-elles pas quelque chose de ridicule ? Comment ne pas rire de ce que Marca appelle « un discours du foin ? »

« Ce n'est pas tant la valeur de la redevance, qu'un signe de vassalité, que l'on recherchait autrefois. Cette herbe coupée par l'évêque, dans la forteresse du Sarrasin, avait quelque chose de significatif. Qu'on ne rie pas de ces bottes de foin érigées au bout des lances..... »

« Quant à la raison qui a paru décisive à Marca, elle n'est point sans réponse : *Un fait historique incontestable, c'est l'obligation immémoriale d'une redevance annuelle, imposée aux comtes de Bigorre en faveur de Notre-Dame du Puy.*

« Quelle fut la cause de cet antique usage?

« C'est encore un problème à résoudre.

« Le comte Bernard a fixé, le premier, cette redevance à soixante sols Morlaas; mais cela prouve-t-il qu'il en soit le fondateur? S'il n'avait pas voulu suivre l'exemple de ses prédécesseurs, mais céder à une inspiration pieuse envers la Vierge — lorsque tant de chapelles en renom lui sont élevées dans nos montagnes, — comment aurait-il songé à Notre-Dame du Puy?

« Du reste, l'auteur de la légende avait pris soin de mettre son récit d'accord avec ce fait qu'il ne pouvait ignorer. Il n'a pas manqué d'ajouter que la redevance primitive des bottes de foin avait été changée plus tard en une somme d'argent. »

Sous le bénéfice de ces remarques et d'une dernière, relative à l'aigle, ainsi que nous le verrons plus loin, M. de Lagrèze déclare qu'il ne regarde pas la charte comme authentique, et il a raison.

C'est une bien grande prétention sans doute, de la part d'un profane comme moi, historien par occasion, d'avoir, après ces savants maîtres, une opinion qui ne soit pas de tous points la leur.

On voudra bien m'en excuser. Mais ce travail est une œuvre de bonne foi, et je ne réclame pour lui aucun autre mérite. La bonne foi implique la sincérité la plus complète, vaille que vaille cette sincérité!

Je le répète : Je crois, comme tous ceux qui se sont intéressés à la charte du moine Marfin, qu'elle est une œuvre d'imagination de ce religieux, qui en a emprunté la matière aux récits populaires, à la traduction naïve et fausse du rébus que renferment les armoiries de Lourdes, au fait incontestable dont M. de Lagrèze témoigne, aux événements qui étaient alors connus de tous, aux usages annuels de tout le pays, etc.;... mais je ne crois pas qu'elle ait été écrite pour appuyer les prétentions du roi d'Angleterre contre l'Eglise du Puy, car elle me paraît tendre à un résultat tout contraire; et je ne crois pas davantage qu'elle ait été écrite pour justifier les prétentions de l'Eglise du Puy, car, je le répète, il n'en a été fait aucune mention au cours du procès; et si elle a été écrite après l'arrêt, elle était bien inutile.

Avec M. de Lagrèze, dont les observations me paraissent frappées au coin de la plus grande sagesse et d'une profonde érudition, je crois que Charlemagne est effectivement passé par Lourdes, et qu'il n'y a point à s'arrêter aux anachronismes de la charte à ce sujet.

M. Rocher a, d'ailleurs, dans une série d'études très documentées, parues dans les *Tablettes du Velay*, jeté sur cette question de Charlemagne à Girone, en Espagne, où il aurait établi les liens d'alliance fraternelle entre l'Eglise de cette ville et celle du Puy-en-Velay, de telles lumières, qu'il paraît bien difficile de mettre en doute aujourd'hui, que le grand capitaine fut, dès avant son couronnement, l'ami et le protecteur de Notre-Dame du Puy, l'artisan de l'alliance entre Le Puy et Girone, et que, dès lors, il est historiquement admissible qu'il soit venu à Lourdes, en 778, comme le dit Pierre de Marca.

Ce sont là autant de points à retenir dans la charte apocryphe. C'est l'alliage de vérité, comme dit M. Rocher. Sont-ce les seules choses à en conserver?

Comment admettre que Marfin ait pu écrire, si le fait n'eût été vrai, que depuis la capitulation de Mirat se rendant à la Vierge et acceptant d'être son vassal, jusqu'au XIme siècle (1062) « tous les comtes de Bigorre qui allaient prendre leur chevalerie à Notre-Dame du Puy, portaient, eux et ceux de leur suite, du foin cueilli au pré du comte, au bout de leurs lances. » Comment une pareille affirmation n'a-t-elle pas soulevé les protestations de toute la Bigorre et les éclats de rire de tout le Velay, si elle est fausse? — Et si elle est vraie, qu'est-ce à dire?

Or elle doit être vraie, car elle n'est que la manifestation sous une autre forme, de ce fait *historique incontestable,* à savoir : *l'obligation immémoriale d'une redevance annuelle, imposée aux comtes de Bigorre, en faveur de Notre-Dame du Puy.*

Et que l'on note bien qu'il ne s'agit pas là des soixante sous morlans de 1062, car M. de Lagrèze ajoute : « Quelle fut la cause de cet antique usage? — C'est un problème à résoudre. » — S'il se fût agi des soixante sous Morlaas stipulés par Bernard Ier dans l'acte dont nous allons parler au prochain chapitre, le problème serait tout résolu ; — il n'eût même jamais existé.

Il n'y a cependant pas d'effet sans cause, et nous disons qu'on n'a pas le droit, quand on écrit l'histoire, de rejeter une tradition populaire qui assigne une cause, à l'effet que l'on constate, lorsqu'on n'a par ailleurs rien qui le puisse expliquer.

Or la tradition est, de ce chef, encore si vivante, qu'après des siècles écoulés depuis que la redevance en nature et la rente de soixante sous Morlaas, ont été, comme nous le verrons, échangées, avec une somme annuelle de trois cents livres tournois, à prendre sur le revenu du péage de nonette, le peuple de Lourdes avait, en 1829, conservé ce souvenir, qu'il fallait porter à la Vierge du Puy des mottes de gazon arrachées au pré du comte, ainsi que le rappela, en nous racontant le fait personnel de son aïeule, le monsieur âgé dont j'ai reproduit au chapitre Ier les intéressants souvenirs.

Des mottes de gazon? N'est-ce pas là ce foin dont Pierre de Marca a parlé avec tant de dérision? et dont M. de Lagrèze a écrit qu'il ne fallait pas rire? Des mottes de gazon arrachées au champ du comte : quel signe plus expressif de vassalité pouvait-on bien exiger? Et comment, devant des constatations aussi troublantes, l'histoire officielle ose-t-elle dire : « La charte de Marfin étant apocryphe : il n'y a là que des fables! » — Il y a là des siècles pendant lesquels nous voyons pratiquer un usage qui a toutes les allures d'un hommage de vassalité.... Voilà le fait; et il est insuffisant de dire : « C'est un problème à résoudre; mais il n'y a aucun document pour y arriver : il est insoluble! »

En vérité, n'est-ce donc pas un principe, en histoire comme en droit, qu'une convention se prouve par son exécution? Nous disons donc avec le simple bon sens : « Puisqu'il y a un hommage rendu, une redevance féodale payée, c'est qu'il y a un vassal et un seigneur. »

Et puis, n'y a-t-il donc que les chartes qui soient des documents de l'histoire? N'est-il pas constant que les cachets, les armoiries, les images de pierre et de bois sont aussi des témoins dignes d'être écoutés?

Que disent donc les armoiries de la ville de Lourdes?

Eh mais, précisément, s'écrient tous les partisans de l'insolubilité du problème; les armes de la ville reproduisent la fable de l'aigle et du poisson, consignée par Marfin dans sa charte, et accueillie par la foi naïve des hommes de cette époque. La pierre de l'aigle existe encore !

Mes éminents devanciers sont-ils bien sûrs de ce qu'ils avancent ?

Car enfin, si je comprends bien, ils accusent le moine Marfin d'avoir inspiré les armoiries de la ville, et leur raisonnement se soutient, — à moins que la vérité de fait soit exactement le contraire de ce qu'ils supposent, et que la merveilleuse histoire de l'aigle et du poisson ait été prise par le moine Marfin dans les armes préexistantes de la ville, dont le malencontreux mais imaginatif chartiste n'a pas compris le sens ?

Nous l'avons écrit incidemment ci-dessus, nous estimons que les armoiries de Lourdes sont un rébus : cela nous paraît ressortir avec évidence des pièces qui les composent.

Le moine Marfin en a donné une solution, qu'avec une saisissante unanimité tout le monde rejette, mais que le peuple, toujours si avide d'histoires merveilleuses, dut accueillir avec faveur, dès qu'elle lui fut révélée, — puisque M. de Lagrèze lui-même, tout en se défendant d'ajouter foi à la charte du moine Marfin, ne peut se résoudre à la sacrifier entièrement, et hésite devant l'histoire de l'aigle et du poisson, — évidemment impressionné de la retrouver écrite dans les armoiries de la ville ! Il a même fait plus : il a découvert le balbuzard, ou aigle de mer, dont la spécialité serait de pêcher, au fond des eaux, les poissons qu'il aperçoit du haut des airs « et qu'il vient ensuite déposer sur les rochers du bord ».

Evidemment, c'est une explication, mais qu'on me pardonne mon scepticisme. Elle ne me satisfait point. En vain le très érudit écrivain affirme-t-il que l'aigle pêcheur était dc tradition si incontestée que le peuple montrait naguère la pierre de l'aigle sur la plus haute tour du château. Nous lui répondons avec tout le respect que notre obscurité doit à sa renommée : « Tradition ? Soit ! Mais depuis quand ? Depuis que la charte a été divulguée ? — Oh ! c'est bien possible ! Avant elle.... *Non !* — Si déformée par l'ignorance et l'imagination que soit une tradition de laquelle résulte, en toute certitude, un hommage de vassalité qui dure des siècles, elle ne repose pas sur une histoire aussi puérile. »

D'autant, comme l'observe à si juste titre l'historien Marca, que « le transport du poisson fait par l'aigle n'a nul rapport à l'impression qu'il fallait donner à Mirat, de se rendre. »

Oui, il existe une tradition, de laquelle résulte, nous le répétons, un hommage de vassalité de Lourdes et de sa citadelle à la Vierge du Puy. Elle raconte, elle aussi, la capitulation du chef sarrasin, acceptant de se rendre à Notre-Dame, à la condition de garder la liberté et son château. Elle attribue la négociation de ce traité à l'évêque du Puy qui accompagnait Charlemagne en Espagne, et passait par Lourdes, à sa suite. Elle prête à Charlemagne la ratification de cette capitulation conditionnelle, et l'attribution de Lourdes et de sa citadelle, à titre de fief pour l'hommage, à Notre-Dame d'Anis. Oui, il existe une tradition de laquelle il résulte que le mécréant se rendit au Puy à la tête de ses hommes d'armes; et tous, portant au bout de leurs lances une botte de foin, signe d'hommage féodal, au Seigneur dominant; oui, enfin, il existe une tradition de laquelle résulte que le chef sarrasin prit au baptême le nom de Lordus, et que, dès lors, son château connu sous le nom de Mirambel devint le château de Lordus, de Lorde, de Lourdes.

Voilà ce que le moine Marfin n'a pu altérer; ce qui était dans la tradition populaire et ce qui demeure vrai dans la charte. Pour le surplus, il l'a inventé, peut-être de la meilleure foi du monde, faute, nous le répétons, d'avoir compris le sens des armoiries de Lourdes.

Et ceci dit, je donne l'explication qui s'impose à mon esprit, depuis qu'elle m'a été, je dois le dire, suggérée, à titre d'ingénieuse hypothèse, par un de mes excellents confrères, aussi bon avocat qu'écrivain distingué, archéologue érudit et passionné pour tout ce qui touche à son exquise petite patrie, le Velay, et à sa ville délicieuse, le Puy, M. Vissaguet, qui ne m'en voudra pas de le nommer ici, car j'estime que sa suggestion éclaire d'une véritable lumière, le problème que M. de Lagrèze laissait naguère sans solution.

Le rébus héraldique des armes de Lourdes doit se lire ainsi : « Au-dessus des montagnes et sur la plus haute tour du château de Mirambel, un aigle venu du ciel apporte un poisson, ce signe sacré grâce auquel les premiers chrétiens se reconnaissaient entre eux, car il était en grec, « ΙΧΘΟΥΣ poisson », l'anagramme de cette formule de leur foi :

ΙΗΣΟΥΣ	ΧΡΙΣΤΟΣ	ΘΕΟΥ	ΥΙΟΣ	ΣΩΤΗΡ
Jésus	*Christ*	*Fils de Dieu*		*Sauveur*

Je dis : « Un aigle venu du ciel »; mais, en vérité, je suis bien tenté d'aller jusqu'au bout de ma pensée et d'écrire : « Un aigle venu du Puy », car les armoiries de la glorieuse cité d'Anis, consistent précisément en un aigle sur champ d'azur, semé de fleurs de lys d'or sans nombre; et la coïncidence est au moins singulière?

Mais j'entends les critiques de ceux qui ne veulent pas comprendre le sens mystique de ces vieux blasons, établis à une époque de foi, et en un temps où la langue héraldique en était encore à ses premiers bégaiements.

« Mais votre aigle des armes de Lourdes, me dira-t-on, n'est pas l'aigle du Puy. Celui-ci est « d'argent armé de gueule, et ses ailes sont à-demi éployées sur champ d'azur semé de fleurs de lys d'or sans nombre. » — L'aigle de Lourdes est de sable, les ailes largement éployées, et il est membré d'or! »

L'observation serait en effet troublante, si, nous le répétons, le sens mystique ne nous paraissait avoir ici, infiniment plus de portée que la différence des détails secondaires des pièces des deux blasons.

Que l'aigle qui vient du Puy ait, au surplus, les ailes éployées, c'est quasi nécessaire, et que devant porter dans son bec un poisson d'argent il ne soit pas lui-même du même métal, c'est une autre nécessité. Une chose demeure, après tout, que nous n'hésitons pas à trouver du plus haut intérêt : le blason du Puy consiste en un aigle; et c'est un aigle qui apporte à Lourdes, sur la citadelle occupée par les Sarrasins, le signe du Christ, le témoignage de la conversion des mécréants.

C'est notre conviction, que si la charte du moine Marfin n'était pas intervenue dans la tradition populaire, pour en donner une traduction absurde, l'explication que nous venons de fournir des armes de Lourdes, aurait depuis longtemps été donnée par plus autorisé que moi, et n'eût été contestée par personne. Mais la charte de Marfin a été découverte dans le Trésor de Pau; la foi naïve du peuple lui a immédiatement fait crédit : le savant Marca, lui-même, a failli s'y laisser prendre; et quand il s'aperçut de son erreur, furieux et humilié de sa crédulité, il n'a plus rien voulu connaître de cette vieille histoire de Lourdes, fief de la Vierge, après la conversion du chef sarrasin Mirat, qui se rendit à Elle.

La bouderie de Pierre de Marca a été, si l'on peut dire, respectée par tous les historiens de France; et le silence des érudits n'a fait que confirmer, dans le peuple, la fable absurde de la charte apocryphe de Marfin.

CHAPITRE V

Les Documents historiques. — Le Diplôme de Bernard Ier, Comte de Bigorre (1062).

Bien différent de la charte du moine Marfin, le titre dont nous allons maintenant parler, est un document historique dont l'authenticité ne fait, et n'a jamais fait de doute pour personne. Non seulement Pierre de Marca le proclame, mais après lui tous les historiens, et particulièrement les auteurs de *Gallia Christiana,* « juges sévères, dit M. Rocher, en matière paléographique. »

Avec la charte du moine Marfin, nous cherchions la vérité, sous les ornements mensongers de la fable ; — avec le diplôme du comte Bernard, nous entrons de plein pied dans la vérité de l'histoire, — ce qui ne veut cependant pas dire, que nous en ayons fini avec les difficultés du dernier chapitre.

La raison en est que faisant table rase de tout le passé, les historiens datent les relations de l'Eglise du Puy avec Lourdes et la Bigorre, de l'acte du comte Bernard, pensant supprimer ainsi toutes les obscurités, tous les problèmes des siècles écoulés, depuis le passage de Charlemagne dans les Pyrénées. — Or, nous estimons que les événements s'engendrent les uns les autres, et s'expliquent les uns par les autres. Nous croyons qu'on ne peut supprimer un anneau de la chaîne, sans tomber dans la fantaisie; et que ce n'est pas connaître l'histoire, que de ne pas la comprendre entièrement. Comme nous l'avons déjà dit, on n'a pas le droit, quand on écrit l'histoire, d'en rejeter une partie sous le prétexte que les problèmes qu'elle soulève, sont insolubles; — alors surtout qu'on n'a même pas essayé de les résoudre.

Eh! sans doute, est-il difficile de se mouvoir avec certitude, parmi les obscurités de ces siècles reculés, où les généalogies elles-mêmes des comtes de Bigorre, demeurent confuses, depuis Donat Loup, qui paraît bien avoir succédé au Sarrasin, dans le château de Mirambel, devenu Lorde ou Lourde! Mais plus rares sont les documents, plus précieux sont ceux que l'on possède, et plus respectables, les traditions qui les suppléent, dans une mesure que la science doit prudemment accueillir, sans doute, mais non pas rejeter, comme non écrites! Nous ne saurions enfin faire bon marché de ce qui demeure obscur, pour créer de toutes pièces, une histoire toute neuve, sans racines dans le passé, au vu d'un seul document de l'authenticité duquel on soit enfin certain !

C'est cependant la façon dont les historiens en ont usé avec l'histoire de Lourdes, de sa citadelle et du comté de Bigorre, quand ils ont eu en mains le diplôme du comte Bernard.

Ce comte Bernard était le fils de Ramir, roi d'Aragon, lequel, de son mariage avec la fille du comte de Carcassonne, eut deux fils : Rogér Ier, auquel échut le comté de Foix, et Bernard, qui eut pour sa part la Bigorre, jadis apportée en dot au comte de Carcassonne, par Garsende de Bigorre.

Or, l'an 1062, Bernard Ier, comte de Bigorre, accompagné de sa femme Clémence, et d'une suite nombreuse, parmi laquelle, les hauts barons de l'aristocratie bigourdane, Bernard de Bazillac, Guillaume d'Aster, Arnaud Guillaume de Barbazan, etc... vint en pèlerinage au Puy.

Le Puy était alors gouverné par l'évêque Pierre de Mercœur.

Quel était l'objet d'un si long et si pénible voyage?

Les historiens ne semblent pas s'être préoccupés de cette question. — Au sortir des obscurités, des fables, des légendes des siècles précédents, ils sont si visiblement heureux de trouver une certitude, qu'ils se complaisent dans sa possession.

Le comte Bernard est venu au Puy avec sa femme et leur suite : c'est un fait; — un fait qui doit se suffire à lui-même, et qui doit d'autant plus nous satisfaire, que le chanoine de Montlezun, dans son histoire de Gascogne, nous dit que le comte Bernard était un prince aussi libéral que pieux, — ce qu'il a bien prouvé dans l'acte réalisé au Puy; et deux ans plus tard, dans la donation qu'il fit d'un immeuble, aux moines de Cluny.

Donc, qu'y a-t-il de surprenant dans ce fait que Bernard Ier, comte pieux et généreux, soit venu en grand appareil, en pèlerinage à la Vierge d'Anis, dont le sanctuaire était déjà universellement fameux ?

Les chanoines du Puy ne venaient-ils pas, en 992, il y avait moins d'un siècle, d'appeler au grand pardon de Notre-Dame, des foules innombrables ? Et ne s'apprêtaient-ils pas à renouveler leur appel, en 1065, trois ans plus tard ?

Sans doute ! Mais n'est-il pas surprenant, d'abord, si Bernard Ier n'est venu au Puy que par dévotion et par amour de la Vierge, qu'il n'ait pas attendu les fêtes jubilaires, si proches, avec tous les avantages spirituels qu'il en devait recueillir; et qu'en attendant, s'il était pressé de témoigner son amour à la Vierge, il n'ait pas été lui offrir ses dévotions dans un de ces sanctuaires pyrénéens dont nous avons ci-dessus rappelé les noms ? En d'autres termes, comprend-on qu'il fût nécessaire d'entreprendre en un temps si prématurément choisi, une si longue chevauchée, pour honorer la Mère de Dieu, lorsque les lieux voués à son culte, abondaient dans les vallées pyrénéennes, et que les populations autochtones, les entouraient de leur fidélité et de leur amour? Comment même, au regard de leurs vassaux bigourdans, si jalousement attachés à leur petite patrie, le comte Bernard et son épouse, justifiaient-ils leur apparent dédain des sanctuaires locaux, et leur préférence pour cette église du Velay, d'une plus grande renommée assurément mais pour cela même, peut-être, plus étrangère à l'âme bigourdane? Oh! sans doute eût-il semblé naturel aux montagnards de la Bigorre, que leurs seigneurs s'en fussent au Puy pour y recevoir, au jour du grand pardon « l'absolution de la faute et la remise de la peine »; mais en 1062, il n'y avait pas de grand pardon! Comment donc expliquaient-ils la nécessité de ce voyage?

Enfin, s'il est vrai, comme les historiens se sont plu à le proclamer, que le comte Bernard se fit remarquer par sa rare prudence et sa profonde sagesse, il y a bien lieu de penser qu'il n'estimait pas superstitieusement, d'un plus haut prix, la protection de la Vierge Marie révérée au Puy, que la protection de la Vierge Marie, révérée dans ses montagnes?

Et cependant, diront les historiens, ce voyage est un fait, un fait authentique ! Vos recherches sur les raisons qui l'ont déterminé, n'aboutiront qu'à des hypothèses ; — l'histoire ne connaît que les faits.

Belle maxime certes, mais un peu sèche si l'on n'entend parler que des faits révélés par les chartes, sans tenir compte des faits de tradition par lesquels les premiers s'éclairent, se complètent et prennent leur véritable sens.

Or, il y a deux faits dont je n'admets pas l'oubli volontaire, parmi les légendes et les fables condamnées avec la charte du moine Marfin.

Nous les avons relevés au chapitre précédent et nous les rappelons ici, comme des témoins nécessaires à l'explication que nous cherchons.

Le premier, « c'est qu'il est incontestable que depuis un temps immémorial, Lourdes et sa citadelle payaient un tribut annuel à Notre-Dame du Puy, et lui rendaient hommage » en lui apportant des mottes de terre complantées d'herbes, et arrachées du champ du comte.

Le second est écrit dans la charte apocryphe elle-même, nous l'avons ci-dessus relevé comme un « alliage de vérité », selon l'heureuse expression de M. Rocher, en disant : « Comment admettre que Marfin ait pu écrire que depuis la capitulation de Mirat entre les mains de la Vierge, jusqu'au temps du comte Centule, tous les comtes de Bigorre qui allaient prendre leur chevalerie à Notre-Dame du Puy, portaient, eux et ceux de leur suite, du foin cueilli au pré du comte, au bout de leurs lances? » — Si le fait n'eût été vrai, il eût soulevé les protestations de tout le pays; on n'invente pas sans péril des choses pareilles ?

A ces deux faits il convient d'en ajouter un troisième, que nous devons à l'érudition de l'exquise poétesse de la Bigorre, Mme Philadelphe de Gerde. Elle a bien voulu s'intéresser à cette page d'histoire de sa petite patrie, écrite à la gloire de sa suzeraine, et spontanément elle nous a déclaré : « Je comprends maintenant le cri de guerre des hommes d'armes de nos vallées du Lavedan : *Notre-Dame et Bigorre !* »

Or, Bernard Ier, dit son historien, « avait entrepris de colliger les coutumes bigorraises. » — On disait alors « les fors », car c'était dans les fors, c'est-à-dire dans des sortes de chartriers, que se conservaient jalousement les documents relatifs aux privilèges de la Bigorre, à ses *fueros,* comme on eût dit en Espagne, à ses titres d'indépendance, à ses lois propres, à ses coutumes.

Soit que la pensée de ce travail d'érudition fût venue au comte Bernard, de ses observations personnelles sur les traditions de son peuple, ce qui n'est pas invraisemblable, soit qu'il fût porté naturellement par ses goûts à éclairer ces questions d'histoire, il est d'évidence que le triple fait de l'hommage de Lourdes à Notre-Dame d'Anis, du pèlerinage des comtes eux-mêmes, et du cri de guerre des Bigourdans, dût surprendre et intéresser au plus haut point le comte Bernard.

Or les fors consultés demeurèrent muets, car il apparaît bien, en effet, que rien ne fut écrit pour monumenter les droits et les obligations des intéressés; et que tout simplement, l'usage s'établit de leur mutuel consentement, et de bonne foi.

Mais comment ne pas comprendre, dans ces conditions, que le pieux et libéral comte Bernard Ier, est venu au Puy en 1062 avec sa femme, et ses principaux conseillers, pour éclairer ses droits et ceux de la Vierge sur son comté?

C'est notre conviction; tout le démontre, et l'acte même du comte Bernard, nous paraît le confirmer.

En effet, si nous ne pouvons dire qu'il existait au Puy, à défaut d'un contrat de vassalité régulier, quelque vieille chronique rappelant l'institution du fief par la volonté souveraine de Charlemagne, et le consentement du chef sarrasin, — nous croyons pouvoir affirmer que les mêmes traditions populaires qui existaient à Lourdes, se retrouvaient au Puy, puisqu'elles y retentissaient par le fait même du tribut annuel et de l'hommage des comtes? Ajoutons que ces traditions étaient vieilles de près de trois siècles, si on prend les chiffres de l'historien Marca, et que le moine anglais Marfin ne les avait pas encore défigurées.

Que se passa-t-il au Puy entre le comte très pieux et très libéral, et l'évêque Pierre de Mercœur? Quels conseils l'évêque donna-t-il au prince généreux envers l'Eglise, mais également scrupuleux de ne point dépouiller de ses droits, la Reine du Ciel, et son comté de son indépendance?

C'est au diplôme lui-même de répondre.

Voici dans sa traduction littérale, ce document célèbre que le Parlement de Paris eut à interpréter, et sur lequel il fit reposer son arrêt de juin 1291, dont nous parlerons plus loin.

Nous avons hésité à donner, avec la traduction française, le texte latin du document. Ceux qui regretteront de ne pas le trouver ici, pourront facilement se le procurer aux sources que nous indiquons sous la traduction que nous avons faite nous-même, en collaboration avec un ami, pour être plus assuré d'éviter une erreur. Il en sera de même des autres documents que nous aurons à donner aux chapitres suivants.

C'est du plus grand nombre que nous avons souci; et nous aurions redouté d'effrayer les lecteurs par un étalage rébarbatif de textes latins du

Moyen Age. La matière de cet ouvrage est par elle-même suffisamment sévère : que du moins on puisse la lire sans dictionnaire ! Et puis, je veux le dire encore, ce n'est pas ici un ouvrage de pure curiosité scientifique : c'est une tentative de vulgarisation de faits historiques trop ignorés. Je n'en prétends tirer aucune gloriole. Pour la première fois, j'ai fouillé les archives de l'histoire, et je m'y suis senti un peu inexpérimenté, mais je suis un vieil avocat, et je plaide pour la satisfaction de ma conscience, une dernière cause : celle de la Vierge. Maintenant j'ai en mains le dossier ; et n'en déplaise à tous les savants du monde, je me sens chez moi.

Diplôme de Bernard Ier, comte de Bigorre. (1062).

« Le monde étant soumis à des ruines fréquentes, inhérentes d'ailleurs à toutes les choses humaines, lesquelles sont essentiellement transitoires et sans durée, le sentiment de mon humaine fragilité m'a contraint à méditer non seulement sur le jour suprême qui verra mon décès inévitable, mais encore sur ceux que j'ai présentement à vivre, ainsi que sur mes intérêts et ceux des miens. — Animé de cette sage pensée, moi, comte, investi du comté de Bigorre par Dieu lui-même, qui dispose de tous les trônes du monde, non pas en considération de mes mérites, mais grâce à la miséricordieuse recommandation du Christ, j'ai arrêté les présentes dispositions essentiellement utiles, qui consistent à confier à Dieu tout-puissant, l'entier comté sus-énoncé, et me recommander personnellement avec tout ce qui dépend de moi, à la protection et à la tutelle de la bienheureuse Vierge Marie. En conséquence, en cette année 1062 de l'Incarnation de Notre-Seigneur, Pierre étant évêque de l'Eglise anicienne, moi Bernard, comte de Bigorre, je me suis présenté en ladite église, pour prier et demander des prières pour le salut de mon âme et de mon corps. Donc, et par devant les chanoines assemblés, je me suis confié à leurs prières perpétuelles, et j'ai voué ma personne et la totalité de mon comté, à l'église anicienne, consacrée à la sainte Vierge Marie sans tache, afin que cette bonne Reine du Ciel, Souveraine du monde entier, Consolatrice de ceux qui souffrent et pardon des pécheurs, protège, défende et fortifie, moi, son serviteur, et tout ce qui m'est soumis.

« Je m'engage à titre de *tenure* perpétuelle pendant toute la vie qu'il plaira à Dieu tout-puissant m'accorder, à fournir à l'Eglise d'Anis, pour mon salut et ma sauvegarde, soixante sous, que je paierai ou ferai payer à mes frères les Chanoines, en leur Chapitre.

« Non seulement je m'engage moi-même, mais en même temps toute ma postérité, laquelle sera obligée de respecter cette *tenure* (obligation de la dépendance féodale), et à payer à perpétuité, en mémoire de moi, et comme dus à titre de *cens* (redevance du vassal à son seigneur), les susdits soixante sous.

« Afin d'assurer l'irrévocabilité et la permanence de cette donation faite en esprit de piété et de religion, moi Bernard, comte de Bigorre, et mon épouse, la comtesse Clémence, nous avons demandé que le présent écrit fût dressé à titre de preuve de la dite donation, et nous en avons assuré le caractère inviolable par notre propre signature.

« Que si l'un de nous-mêmes ou de nos descendants, ou quiconque après nous, successeur au titre de comte, dont Dieu nous a honoré, ose violer ou ne pas respecter cette donation, qu'il soit anathème et voué à notre malédiction perpétuelle, jusqu'à ce que, revenu de son erreur, il fasse amende honorable à Dieu, à la sainte Vierge Marie, et à la Congrégation des Chanoines.

« Signé Bernard de Bazilliac, Guillaume d'Aster, Arnault Guillaume (témoins). »

Le texte latin est conservé au cartulaire de Bigorre, aux archives de Pau. — Il se trouve également dans le *Gallia Christiana, Ecclesia Aniciensis,* t. II, col. 228, 229. — Marca : *Histoire du Béarn,* p. 810.

*
* *

Tel est l'acte de Bernard Ier, comte de Bigorre, se plaçant soi-même et son entier comté avec lui, dans la clientèle de l'Eglise anicienne.

Dans un document de cette sorte, tous les mots ont une valeur, car tout l'effort de l'histoire officielle va tendre à démontrer, à la suite de Marca, qui ne dissimule pas son hostilité contre l'Eglise du Puy, que cet acte d'hommage est une simple donation pour cause de dévotion.

C'est en vain que le Parlement de Paris sera appelé à juger solennellement la question, et que très nettement, il reconnaîtra la suzeraineté temporelle de la Vierge du Puy, représentée par son Evêque et son Chapitre, et qu'ainsi la question sera jugée ! — Qu'importe ? démontrer qu'un procès a été mal jugé, est un petit jeu qui a le don de passionner très particulièrement les imaginations françaises. Faire la leçon à saint Louis, à Philippe le Hardi, à Philippe le Bel, et au Parlement de Paris ; leur démontrer qu'ils n'ont rien compris au droit féodal !... Quelle tentation !

L'enquête ordonnée par saint Louis, scrupuleusement suivie par lui, a disparu : les pièces de la procédure manquent.... Ce n'est point cela qui peut arrêter les réformateurs... au contraire ! Il ne manquera même pas, à cette tentative de redressement d'un arrêt passé en force de chose jugée depuis six cents ans, ce piment bien spécial, qui en relève la saveur, qu'elle est une occasion de jeter le discrédit sur la justice française, et de donner satisfaction à l'irréductible ennemi de la France, à cette époque, le roi d'Angleterre.

Mais revenons à notre titre : l'avocat s'est oublié; qu'on veuille l'en excuser ! — Donc, Bernard Ier se place, lui et son entier comté avec lui, dans la clientèle de l'Eglise anicienne, et sous la protection et la tutelle de la bienheureuse Vierge Marie.

Pourquoi cette précision, qu'il s'agit de son *entier* comté ? Aurait-on donc des exemples d'un hommage dû par une partie seulement du fief, en dehors d'un démembrement résultant du partage ou de la conquête ? Ainsi en pouvait-il être, par exemple, de Lourdes et de sa citadelle. Mais en 1062, il ne peut être question de conquête ! L'acte du comte Bernard est absolument volontaire et pacifique; et cette précision n'a aucune raison d'être, à moins que l'acte de 1062 soit entre le comte Bernard et le Chapitre du Puy, un règlement transactionnel des droits non écrits, mais pratiquement reconnus en fait, et observés dans l'usage, de la Vierge sur la ville et la citadelle de Lourdes.

Et c'est bien cela, n'en doutons pas, que le comte Bernard établit dans son diplôme de 1062; c'est-à-dire une unique obligation, un unique engagement à titre de tenure perpétuelle, renfermant dans les soixante sous stipulés, la vieille redevance féodale des mottes de terre, et du foin, et de tous autres tributs qui pourraient être réclamés. Désormais, ce sera pour le comté tout entier que les soixante sous seront payés, mais tout le reste est aboli; et c'est bien à cette époque, en effet, le fait est certain, que le changement a eu lieu entre les deux redevances.

C'est pour qu'il n'y ait pas de cumul possible, qu'il est parlé d'une seule redevance, payée comme à titre de cens, pour l'entier comté.

Mais pourquoi, dira-t-on, ne s'en être pas expliqué nettement?

Peut-être parce que le comte Bernard « qui se fit remarquer par une grande prudence », ne voulant pas d'une part, dépouiller la Vierge, et répugnant d'autre part, à reconnaître contre soi-même, dans un titre écrit, un droit de suzeraineté résultant de la conquête, aura préféré laisser tomber dans l'oubli, les vieux souvenirs datant de Charlemagne; et faisant table rase du passé, créer de toutes pièces, d'accord avec le

Chapitre, un titre nouveau et régulier à Notre-Dame d'Anis.

Hypothèse, dira-t-on? — Je n'en disconviens pas. Mais hypothèse qui a le mérite d'expliquer ce qui, sans elle, serait inexplicable.

Mais laissons cela, et écoutons les partisans du droit de l'Angleterre. — Ils estiment d'abord que l'acte de Bernard Ier n'emporte au profit de l'Eglise d'Anis, aucune reconnaissance de souveraineté, car le comte, disent-ils, ne promet à l'Eglise du Puy aucune de ces redevances perpétuelles et personnelles qui signalaient l'inféodation.

Qu'est-ce donc que la promesse ainsi formulée : « *Je m'engage* à titre de tenure *perpétuelle,* pendant toute la vie qu'il plaira à Dieu tout-puissant m'accorder, à fournir à l'Eglise du Puy, etc... » ?

Mais, disent les critiques, là se bornent les redevances perpétuelles et personnelles, et il n'est pas question des droits de justice, d'host, de chevauchée, de défense en temps de paix et en temps de guerre, lesquels figurent presque à titre de clauses de style, dans les titres constitutifs de fiefs.

La stipulation caractéristique du fief était l'hommage, le serment de foi et de loyauté envers tous et contre tous, et la promesse de garder le droit du seigneur. Pour prendre cet engagement, il n'y avait point de formule sacramentelle. En ce contrat comme en tous autres, la convention faisait la loi des parties, et les qualités des contractants commandaient les termes de la convention.

Mais voici qui est plus grave : ce diplôme, dit-on, n'est qu'une donation pour cause de dévotion, et la preuve est qu'il ne renferme pas les conditions de la mouvance sous les serments et les anathèmes d'usage !

Est-ce donc que la dernière partie de l'acte aurait échappée aux éminents critiques que je discute, car je lis *in fine* du diplôme du comte Bernard : « Si l'un de nous-mêmes ou de nos descendants, ou quiconque après nous, successeur au titre de comte dont Dieu nous a honoré, ose violer ou ne pas respecter cette donation, qu'il soit anathème, et voué à notre malédiction perpétuelle, jusqu'à ce que, revenu de son erreur, il fasse amende honorable à Dieu, à la sainte Vierge Marie, et à la Congrégation des Chanoines. »

Mais on néglige la réponse victorieuse pour en relever un mot, un seul : « Vous le voyez bien, dit-on, il s'agit d'une *donation;* le mot y est. »

Eh ! sans doute, c'est une donation que l'on stipule, et que le comte Bernard s'engage à payer à l'Eglise d'Anis, mais *à titre de tenure perpétuelle,* par lui-même ou par toute sa postérité, et *comme à titre de cens.*

Mais oui, il s'agit d'une donation ! On n'a jamais prétendu que ce prince fût obligé par l'acte constitutif de son fief, du moins pour ce qui regarde le comté de Bigorre en dehors de Lourdes et de sa citadelle, à payer à la Vierge une redevance quelconque. C'est bien de sa pleine volonté qu'il la fixa lui-même à soixante sous. C'est donc bien une donation ; mais une donation *à titre de cens*, c'est-à-dire à titre de redevance féodale, et qui devient obligatoire pour lui et les siens, comme celle d'un vassal envers sa Dame souveraine. Lorsqu'il expliquera que cette donation est faite en esprit de piété et de religion, il donnera le motif déterminant de l'acte par lequel il se soumet et son entier comté avec lui, à la suzeraineté de la Vierge, mais cela ne changera point l'objet même du contrat, qui est un acte de vassalité volontaire à Notre-Dame du Puy.

C'est pourquoi nous estimons que Notre-Dame d'Anis, après avoir été Dame et Comtesse souveraine de Lourdes et de sa citadelle, par droit de conquête et par la volonté de Charlemagne, est devenue Dame et Comtesse suzeraine de l'entier comté de Bigorre, par l'acte de soumission volontaire que le comte Bernard Ier a consenti au Chapitre du Puy, pour lui-même et tous ses successeurs, l'an 1062.

*
* *

Et vous, petite Bernadette, aujourd'hui si grande au Ciel, lorsqu'on vous raillait au sujet de votre bien-aimée Dame des rochers de Massabielle, qui parlait patois, « et le patois de Lourdes, encore! », que n'avez-vous connu l'histoire de votre glorieuse Suzeraine, Notre-Dame du Puy, et répondu à ceux qui vous plaisantaient, ce qu'un poète bigourdan a depuis écrit :

Dits era Bierge de Lourda
Que non bol parla francès
Per qu'ei Dauna bigourdana
E Patrouna deds outhès [1].

1. La Vierge de Lourdes dit qu'elle ne veut pas parler français, parce qu'elle est Dame bigourdane et Patronne des bergers.

CHAPITRE VI

Les Intrigues anglaises.

En 1251 mourait, fort âgée, la comtesse Pétronille, née du mariage de Béatrix III, comtesse de Bigorre, avec Bernard IV, comte de Comminges.

Cette comtesse Pétronille avait été mariée cinq fois, — avec cette particularité fâcheuse, dont on s'aperçut seulement après son troisième hyménée, à savoir que son second époux, Nunez Sanche, comte de Cerdagne, était encore de ce monde quand elle épousa Guy de Narbonne, comte de Leicester, fils du célèbre Simon de Montfort, chef de la croisade des Albigeois.

C'est cependant de cette union avec le comte de Leicester qu'elle eut deux filles, Alix et Pétronille, et d'Alix, deux petits-fils, dont Esquivat de Chabannes, qu'elle institua son légataire universel, en lui substituant au besoin son frère Jean.

Or, de son cinquième mariage avec Boson de Mattas, seigneur de Cognac-en-Angoumois, elle eut aussi une fille, Matthe, qui épousa Gaston VII, comte de Béarn, et qu'elle substitua à ses deux petits-fils déjà nommés, dans le cas de leur décès sans héritiers légitimes.

Quand, à la mort de la comtesse Pétronille, ces dispositions testamentaires furent connues, des difficultés surgirent aussitôt entre Gaston de Béarn, agissant au nom de sa femme Matthe, et Esquivat de Chabannes.

Gaston de Béarn posait en principe, que le mariage de Pétronille et de Leicester étant nul, comme entaché de bigamie, toute la descendance de la testatrice du chef de cette criminelle union était, de droit, exclue de son héritage et inhabile à lui succéder.

Esquivat de Chabannes contestait le crime reproché à sa grand'mère, la comtesse Pétronille; et, se réclamant naturellement de la volonté suprême de celle-ci, il soutenait qu'elle était libre de disposer de ses biens, et particulièrement de son comté de Bigorre, comme bon lui avait semblé.

Le débat eût pu donner lieu à l'un de ces procès qui duraient un demi-siècle; mais Gaston de Béarn ne plaida pas : il agit. — Soutenu par de puissants alliés, Alphonse d'Aragon, qui deviendra son gendre, Gérard d'Armagnac et plusieurs barons anglais, il pénétra en force sur les terres du comté de Bigorre et il commença durement les hostilités. Ce fut, disent les historiens, une guerre atroce et sans merci : la terreur régnait par tout le pays.

Esquivat, qui était d'ailleurs fort jeune, n'était pas en mesure d'opposer la force à la force; et sans s'arrêter à cette règle de droit féodal, que le vassal doit demeurer fidèle à son seigneur, à peine de l'ouverture de son fief, c'est-à-dire de sa dépossession, il fit appel à un puissant protecteur, en la personne du roi d'Angleterre, Henri III.

Or, à ce moment, le roi de France Louis IX, que l'Eglise — ratifiant le jugement du peuple — devait appeler saint Louis, était à la cinquième croisade. Le souverain anglais dut juger l'occasion propice pour affermir et étendre son influence en Languedoc, en intervenant dans les affaires de la Bigorre.

Déjà, par des procédés diplomatiques, dont le secret échappe à l'histoire, mais dont le résultat permet d'affirmer l'existence, il avait trouvé le moyen de circonvenir Bernard de Ventadour, évêque du Puy, lequel justifiant son acte par cette double considération que, d'une part, l'éloignement de la Bigorre ne lui permettait pas de faire régner dans cet Etat une exacte justice, et que, d'autre part, cette lointaine souveraineté ne rapportait à l'Eglise d'Anis, que « petite utilité et maigres profits », alors qu'elle était accablée de dettes et dévorée par les usuriers, — traita avec Henri III au mois de novembre 1253, et déclara transporter au monarque anglais tous les droits que l'Eglise du Puy avait sur le château de Lourdes et le comté de Bigorre, moyennant la somme de trois mille deux cents livres, monnaie du pays. — Quittance à l'acte !

Nous ne nous arrêterons pas à juger la moralité de cette déplorable convention; — d'une part, parce que nous ignorons quelles manœuvres captatrices furent mises en jeu pour déterminer, de la part d'un Evêque, un pareil abandon des droits de la Vierge et de l'Eglise; — parce que, d'autre part, nous ne pouvons pas juger avec nos idées modernes sur la question d'honneur et les devoirs envers la patrie, les actes de gens qui n'étaient aucunement déshonorés par le fait de changer de camp et de chef, et de combattre aujourd'hui leurs alliés et amis de la veille; — parce qu'enfin, cette convention était heureusement nulle, faute d'avoir été approuvée par le Chapitre en assemblée capitulaire, avec délibération préalable, et intervention officielle à l'acte, — toutes formalités essentielles à sa validité.

Si bien qu'au moment du procès, dont nous parlerons plus loin, entre le roi d'Angleterre et l'Eglise du Puy, cette pièce, qui eût été décisive si elle eût une valeur, fut prudemment tenue cachée, comme nous le verrons en son temps, et détermina la perte du procès du roi d'Angleterre, quand enfin elle fut produite.

Ce qui nous importe uniquement à cette heure, c'est d'observer, en vue de la démonstration que nous poursuivons, qu'il résulte de cet acte : premièrement, qu'au mois de novembre 1253, l'Eglise du Puy était toujours si publiquement en possession incontestée de la souveraineté du comté de Bigorre, de Lourdes et de son château, que le roi d'Angleterre s'efforçait d'acheter les droits de cette Eglise sur ce fief; — secondement, que les parties contractantes distinguent toujours, comme nous l'avons observé déjà, Lourdes et son château d'une part, et le comté de Bigorre d'autre part, tant il est vrai que le droit de l'Eglise du Puy n'avait pas la même origine sur l'une et l'autre partie du même fief.

C'est à la suite de ces faits, qu'Esquivat de Chabanes, dont le comte de Béarn dévastait sauvagement le comté, fit appel à Henri III.

Il devait nécessairement être entendu; et le 19 juin 1254, le roi d'Angleterre, se trouvant à Saint-Macaire, près Bordeaux, rendit une ordonnance que l'historien Pierre de Marca a lui-même traduite dans son *Histoire du Béarn*, p. 829. — Il faut la lire :

« Henry, par la grâce de Dieu, roi d'Angleterre, seigneur d'Irlande, duc de Normandie et d'Aquitaine, comte d'Anjou,

« A tous ceux qui ces présentes lettres verront, salut.

« Comme ainsi soit que notre cher et féal Esquivat de Chabanes, comte de Bigorre, ait reçu de nous le comté de Bigorre avec ses appartenances, pour le tenir, lui et ses hoirs, de nous et de nos successeurs, à perpétuité, et que du consentement exprès de l'Evêque et Chapitre du Puy, *ci-devant seigneurs directs du dit Esquivat*, et de ses prédécesseurs, comtes de Bigorre, qui ont cédé, quitté et transporté à nous, entièrement, et à nos hoirs, la seigneurie qu'ils avaient sur le dit comté, ledit Esquivat nous a fait hommage-lige d'icelui, pour soi et ses hoirs, nous promettons de bonne foi, octroyons et protestons par ces présentes, que nous, ni nos successeurs, n'exigerons dudit Esquivat ni de ses hoirs, autres coutumes ni services que ceux de ses prédécesseurs comtes de Bigorre avaient accoutumé de rendre à l'Eglise du Puy, sauf toutefois à nous et à nos héritiers, l'hommage dudit Esquivat et de ses hoirs, pour raison dudit comté; et lui promettons de lui faire tous les devoirs que l'Eglise du Puy faisait aux comtes de Bigorre; et assisterons et défendrons ledit Esquivat, comte de Bigorre, et ses hoirs, comme notre homme-lige.

« En témoignage de quoi, nous avons fait expédier ces lettres patentes. — Témoin moi-même.

« A Saint-Macaire, le 19 de juin de l'année 38 de notre règne. » (Ce qui révient à l'an 1254).

L'ordonnance de 1254 confirme et complète, au point de vue des intérêts de la politique anglaise, la vente de 1253; et les mêmes réflexions que nous avons déjà faites ci-dessus, s'imposent ici, en ce qui concerne la formelle, et on peut presque dire, la solennelle reconnaissance de la suzeraineté de l'Eglise du Puy sur le comté de Bigorre; à cette suzeraineté, se substitue le roi d'Angleterre; et Esquivat, de son côté, par une fiction de droit, est censé tenir son fief du roi anglais, qui devient son seigneur.

Sans doute, Henri III était-il ainsi arrivé à ses fins qui tendaient manifestement à l'acquisition de l'hommage de la Bigorre, et c'eût été définitif si l'acte de vente de 1253 eût été, comme le roi l'affirmait, mais à tort, consenti par l'Evêque et son Chapitre.

Quoi qu'il en fût, Henri III avait, par le fait même qu'il acceptait d'être le seigneur d'Esquivat de Chabanes, contracté l'obligation d'assister et de défendre son nouveau vassal, lequel était chassé de la presque totalité de son comté, et menacé jusque dans la ville de Tarbes, sa capitale.

De ce devoir, le roi d'Angleterre paraissait avoir peu de souci; et c'est dans ces conditions que le malheureux Esquivat, déçu et désespérant du secours anglais, s'adressa à son oncle, Simon de Montfort, comte de Leicester, qui gouvernait la Guyenne pour Henri III.

Simon de Montfort, comte de Leicester, était un homme pratique qui ne se laissait pas prendre deux fois au même piège. Une première fois, sous la comtesse Pétronille, en 1248, il avait eu en mains le comté de Bigorre, qu'il avait en quelque sorte pris à ferme, moyennant une redevance annuelle. Il avait dû le remettre à la comtesse Pétronille, à l'expiration de la convention qui le lui avait confié, et au résultat de laquelle, il constata que le service qu'il avait rendu, lui avait été très onéreux. Comme il n'entendait pas renouveler sa coûteuse expérience, il exigea à son profit, la donation pure et simple du comté de Bigorre.

Esquivat soutint par la suite que cette donation n'était qu'apparente et qu'elle dissimulait un gage. La chose n'était pas aussi simple. Le comté était bien donné à Simon de Montfort; mais Esquivat conservait le droit de l'acheter, en restituant à son oncle toutes les avances faites par celui-ci, pour le purger de ses envahisseurs, et le remettre en état; Simon était donc garanti contre toutes les éventualités.

C'est ainsi que, Esquivat accepta de donner purement et simplement au comte de Leicester, l'entier comté de Bigorre; et l'acte de donation établi et signé à Paris, le 22 novembre 1258, fut confirmé le lendemain par une lettre dans laquelle Esquivat renouvelait sa volonté de consentir en faveur de son oncle, le plein et entier abandon de toutes ses terres.

Dès lors, Simon de Montfort, sans se soucier le moins du monde, des prétendus droits de seigneurie de son suzerain, le roi d'Angleterre, protecteur officiel, mais peu efficace, de son vassal Esquivat, se prépara à entrer en Bigorre à la tête d'une forte armée.

Son intervention changeait la face des choses.

Gaston de Béarn, à son tour, n'était pas de taille à résister au puissant gouverneur de la Guyenne; et dès les premières rencontres, il comprit qu'il devait renoncer à la lutte. — Aussi bien Leicester menait-il rondement la guerre, écrasant indifféremment les troupes du comte de Béarn, les partisans de son neveu Esquivat, et même les hommes d'armes de son souverain Henri III.

Pendant qu'il guerroyait, du reste, — peut-être pour affirmer le caractère définitif de la donation que lui avait consentie Esquivat; peut-être pour satisfaire aux strictes obligations du droit féodal, en rendant hommage en sa qualité de nouveau comte de Bigorre, à la Dame suzeraine de son fief, il faisait déposer, le jeudi 20 juillet 1262, par Raymond Bodin, d'Aurillac, sur l'autel de Notre-Dame du Puy, la rente de soixante sous Morlaas, promise en son propre nom et au nom de tous ses successeurs, par le comte Bernard Ier, en 1062; — il y avait exactement deux siècles.

Or, tandis que ces choses se passaient, Esquivat de Chabanes et Gaston VII de Béarn réconciliés, par le fait de l'intervention de plus puissant qu'eux, décidaient de soumettre leurs prétentions contradictoires à Roger, comte de Foix, choisi comme arbitre, par l'une et l'autre partie.

Le comte de Foix proclama le droit d'Esquivat; et celui-ci, désormais débarrassé de son rival, reconnu comme comte de Bigorre, épousa la fille de son juge, en stipulant que le comté serait la propriété exclusive des enfants à venir.

C'était parfait; mais le comte de Leicester n'était pas partie à cet arbitrage, conclu sans son avis; et il n'en accepta pas les conclusions.

En vain Esquivat faisait-il valoir sa prétention que la donation de 1298 dissimulait un gage, et qu'il était toujours propriétaire de son fief. Simon de Montfort répondait : « Je n'ai précisément pas voulu recevoir un gage, car je n'avais que trop de raisons de croire que jamais vous ne me rembourseriez les frais de mon intervention, et toutes les avances que je vous ai faites. J'ai donc exigé la remise du comté en mes mains, en toute propriété; et par deux fois, vous me l'avez donné sans réserve; offrez-moi de me l'acheter un prix qui me rembourse de tout ce qui m'est dû, et nous discuterons la chose; mais je n'ai pas voulu, et je ne veux pas que vous puissiez revendiquer une propriété qui est à moi. Je m'en tiens à notre contrat. »

Nous n'avons pas à prendre parti dans les démêlés d'Esquivat et du comte de Leicester; nous voulons seulement souligner que ce grand vassal de la couronne d'Angleterre, voulant s'assûrer, à tort ou à raison, le domaine utile du comté de Bigorre, soit qu'il ignorât, (ce qui est douteux), la cession consentie à son souverain en 1253, par Bernard de Vendadour, soit que la connaissant, il en connût aussi les vices, n'hésita pas à faire verser en son nom sur l'autel de Notre-Dame du Puy, comme successeur de Bernard Ier et vassal de la Vierge, Dame et Comtesse suzeraine de Bigorre, le tribut de soixante sous dont il était tenu à titre de cens.

Ainsi, après le souverain essayant d'acheter les droits de seigneurie de Notre-Dame d'Anis sur Lourdes et sa citadelle et le comté de Bigorre, le grand vassal anglais affirme à son tour la suzeraineté de la Vierge, et s'en reconnaît le vassal.

CHAPITRE VII

Traité entre Thibaut II, Roi de Navarre, et l'Eglise du Puy (1266).

Tant que le comte de Leicester vécut, ses soldats occupant une partie de la Bigorre et spécialement la forteresse de Lourdes, les choses restèrent en l'état.

Une trêve même intervint en 1260, entre les belligérants, aux termes de laquelle Esquivat prenait, devant le comte de Foix, l'engagement de ne céder à personne, pendant cinq ans, ses prétendus droits sur le comté de Bigorre. Moyennant ce, la guerre s'arrêta, et les peuples purent respirer.

Mais trois ans plus tard, en 1265, Simon de Montfort, comte de Leicester, était tué à la bataille d'Evesham; et sa mort remettait tout en question.

Leicester laissait une veuve, Aliénor, et un fils, Simon, qui se trouvèrent plus embarrassés que satisfaits, de l'héritage de leur père et mari, en ce qui regardait, tout au moins, le comté de Bigorre.

Il ne pouvait être question de le remettre à Esquivat, ce qui eût été désavouer la volonté du père et de l'époux décédé. Esquivat d'ailleurs n'était pas plus en situation, en 1265, de défendre et de conserver l'héritage de son aïeule, la comtesse Pétronille, que de rembourser à la succession de son oncle les avances que lui avait faites celui-ci.

Or, Simon de Montfort, Gaston de Béarn et Esquivat n'étaient pas les seuls prétendants à la propriété du comté de Bigorre. Si ce n'était allonger cette étude sans nécessité, pour son objet essentiel, nous pourrions expliquer comment, en fondant leurs droits prétendus sur les titres les plus divers, tous les héritiers de la comtesse Pétronille, et spécialement Mathilde de Courtenay, comtesse de Thyct, Lore de Courtenay, sa sœur et cessionnaire, Guillaume Taisson, etc., prétendaient tous à la même propriété.

Lorsqu'Esquivat mourut en 1283, sept prétendants se disputaient encore cet héritage !

La comtesse de Leicester et son fils recoururent à une solution radicale, assez singulière d'ailleurs, si l'on pense que les de Montfort étaient grands vassaux de la couronne d'Angleterre. — Toujours est-il que cette même année 1265, ils transportèrent leurs droits sur la Bigorre, à Thibaut II, comte de Champagne et de Brie et roi de Navarre.

C'était un très grand seigneur et un prince puissant que ce Thibaut II de Navarre, qui portait en Champagne le nom de Thibaut V. Il était le fils de ce Thibaut IV, que ses contemporains appelèrent « le faiseur de chansons », et qui fut en réalité un poète de grande valeur, si nous en croyons les lettrés du XIIIme siècle; car bien qu'il nous reste de lui 81 pièces de vers, je confesse qu'il m'est malaisé d'en goûter le charme, tant la langue en est vieillie.

Ce comte de Champagne poète, était du reste un érudit et un esprit particulièrement affiné et délicat. Son éducation comme son instruction avaient été également soignées; et devenu roi de Navarre, sous le nom de Thibaut Ier, à la mort de son oncle, Sanche le Fort, il encouragea les lettres et les arts au point d'avoir fait de sa cour une des plus renommées du Midi, cependant si lettré. On lui doit la fondation de deux universités : l'une à Provins et l'autre à Troyes.

Thibaut Ier mourut en 1253, et Thibaut V, son fils, lui succéda sous le nom de Thibaut II.

A la mort de son père, Thibaut II n'avait que treize ans, étant né en 1240, et il accédait au trône sous la tutelle de Marguerite de Bourbon, sa mère.

Mais au moment où la veuve et le fils du comte de Leicester transportèrent sur sa tête leurs droits sur la Bigorre, c'est-à-dire en 1265, Thibaut II avait vingt-cinq ans. Il avait épousé la princesse Isabelle, fille aînée de saint Louis, et nul n'était plus à même que lui d'imposer aux prétentions des héritiers de la comtesse Pétronille, le respect des droits à lui transmis.

Cependant, Gaston de Béarn, dont nous avons déjà pu apprécier l'humeur batailleuse et les procédés sommaires dans la défense de ce qu'il estimait être son droit, ne pouvait guère supporter sans protestation, une décision qui lui parut une violation de la trêve qu'il avait consentie en 1260, d'accord avec Simon de Montfort et Esquivat, devant le comte de Foix.

La guerre faillit reprendre. C'eût été, il est vrai, une grosse et dangereuse partie pour le comte de Béarn. Il dut s'en rendre compte, et mieux inspiré, malgré les déceptions qui l'attendaient, il consentit à s'en remettre à un arbitrage.

Quelle fut la sentence des arbitres? Elle ne nous est pas parvenue; mais si on en juge par les événements, il est facile de deviner que les juges lui donnèrent tort, et qu'ils estimèrent que l'engagement pris par Esquivat en 1260 ne liait que lui-même.

Ainsi voit-on le roi de Navarre, nommer en qualité de châtelain, c'est-à-dire de gouverneur de la citadelle de Lourdes, Gassiarnaut de Volente, qui vint occuper son poste sans difficulté; ce qui explique de ce chef, l'arrêt du Parlement, comme nous le verrons en son temps. (La nomination du châtelain de Lourdes est au cartulaire de Bigorre).

D'un autre côté, la décision des arbitres entraîna la rupture du mariage de Constance de Béarn, fille de Gaston VII, à laquelle le comté de Bigorre avait été promis en dot, par la comtesse Matthe sa mère, et qui préludait ainsi à tous les déboires qui devaient l'accabler du chef de ce litigieux comté.

Enfin, de cette même sentence, dut résulter que le droit de Thibaut II, roi de Navarre, était reconnu, tout au moins à titre provisoire, car Thibaut s'empressa de se tourner vers l'Eglise du Puy, et d'offrir hommage à la Vierge comme à sa Dame et Suzeraine, en qualité de Comtesse pour l'hommage, de Lourdes et sa citadelle, et du comté de Bigorre tout entier.

Il fit plus : le mercredi 19 janvier 1267, il établit, d'accord avec le Chapitre et l'Evêque d'Anis, un traité dont nous rapportons ci-dessous la traduction, dans ses parties essentielles, et que l'on peut trouver tout entier, dans un *vidimus* de Philippe le Bel, et de Jeanne de Navarre, qui porte la date de Mai 1294 et est conservé à la Bibliothèque nationale, collection de Languedoc, t. XXVIII, f° 289.

Traité de Thibaut II et de l'Eglise du Puy (1266).

« Nous Thibaut, par la grâce de Dieu, roi de Navarre, comte palatin de Champagne et de Brie, faisons savoir à tous, etc.,... que nous tenons, nous devons tenir et voulons tenir à titre de fief et conformément au droit féodal, le château de Lourdes et tout le comté de Bigorre; et pour les dits château et comté, nous ferons hommage en personne, et nous ferons jurer fidélité, nous présent, par un de nos chevaliers, en notre nom et sur notre âme, aux dits Evêque et Chapitre. — Nous promettons en outre que nous rendrons le dit château, en reconnaissance de seigneurie, sur la totalité du comté, aux dits Evêque et Chapitre, ou à leur mandataire dûment qualifié; et alors ils pourront déployer et tenir déployée sur le dit château, la bannière de l'Eglise du Puy, mais seulement pendant un jour et une nuit. De plus, de cinquantaine en cinquantaine, nous rendrons aux dits Evêque et Chapitre, ou à leur mandataire, le château, à titre de seigneur dominant, de sorte que les dits Evêque et Chapitre y déploient, s'ils le veulent, et tiennent déployée, la bannière de la dite Eglise, mais seulement un jour et une nuit; — nos hommes et autres soldats chargés de la défense de la citadelle, demeurant à leur poste. — Si l'Eglise ou lesdits Evêque et Chapitre, ont pour une juste cause besoin dudit château, et si leur procureur, dûment mandaté par eux, en fait foi, nous jurons et nous promettons de rendre libre ledit château, sous la réserve, néanmoins, que les dits Evêque et Chapitre gardent fidèlement à leurs frais ledit château, et que la cause cessant, ils nous le restituent de bonne foi. — Nous promettons de payer auxdits Evêque et Chapitre, pour le dit château et ledit comté, chaque année, dans l'Eglise sus-dite, à titre de cens, dû au seigneur, en la fête de l'Assomption de la bienheureuse Marie, soixante-deux sous. — De même : nous promettons audit Evêque et à son procureur, que dans les difficultés, procédures ou procès, que lesdits Evêque et Chapitre soutiendront contre le roi d'Angleterre, son fils Edouard, Esquivat, seigneur de Chabanes, et tout autre, ou que quelqu'autre soulèvera contre les dits Evêque et Chapitre, nous y pourvoierons et payerons tous les frais utiles et nécessaires à l'affaire et nous tiendrons jusqu'à la fin, pourvu toutefois que les dits Evêque et Chapitre, selon qu'il nous paraîtra expédient, et que la cause le mérite, soutiennent le procès avec nous. — De même nous promettons que si nous faisons la paix, ou si nous entrons en composition au sujet desdits château et comté, et si quelque partie du fief dudit comté demeure en nos mains, nous le reconnaîtrons, et nous en ferons hommage fidèlement auxdits Evêque et Chapitre, selon qu'il a été déclaré expressément plus haut; mais si une partie dudit comté de Lourdes, par le fait de la paix ou d'une transaction, est transférée au pouvoir d'un autre, nous promettons de veiller à ce que celui qui le possédera reconnaisse le droit d'hommage que nous avons assumé, et fasse fidélité pour ces biens auxdits Evêque et Chapitre, dans la forme que nous avons réglée et promise pour nous. — De même, nous promettons auxdits Evêque et Chapitre, et à leur procureur, que s'il arrive que par sentence ils soient obligés de restituer l'argent que le roi d'Angleterre déclarera leur avoir été donné pour la vente de son fief ou la seigneurie desdits château et comté, nous payerons intégralement ladite somme d'argent, et nous considérerons l'Evêque et le Chapitre, comme exonérés de toute charge.

« Tous et chacun de ces engagements, nous promettons au Chapitre et à l'Evêque, de les tenir fidèlement.

« En foi de quoi, nous avons apposé notre sceau. — Donné par nous à Paris, le mercredi, veille de la fête de la Chaire de saint Pierre, en l'an du Seigneur 1266. »

Au pied de ce document, si curieux à tant de titres, se trouve une note de l'aumônier de la reine de France, Jeanne de Navarre, écrite à Paris en 1294, et qui est ainsi conçue :

« Nous, Jeanne, reine de France et de Navarre, avec l'assentiment et par l'autorité de notre maître et très cher époux, Philippe, par la grâce de Dieu, roy de France, nous ratifions, et par la teneur des présentes, nous approuvons le contrat qui nous a été soumis, promettant que nous et nos successeurs, nous l'observerons à perpétuité. En foi de quoi, avec le sceau de notre maître le roy, nous apposons le notre sur les présentes.

« Nous Philippe, par la grâce de Dieu, roy de France, qui, à notre très chère épouse, Jeanne, reine de France et de Navarre, avons attribué notre autorité, nous accordons, autant qu'il est en nous, notre assentiment à ce contrat, sous la réserve de notre droit royal. Pour que ce document demeure ferme et immuable, nous avons ordonné d'apposer notre sceau sur les présentes.

« Fait à Paris l'an du Seigneur 1294. »

Après avoir formulé comme nous venons de le voir, ses promesses de fidèle vassal, Thibaut II avait fait connaître son avènement, en Bigorre, et presque immédiatement, les principaux seigneurs, et parmi eux le plus considérable et le plus puissant de tous, le sire de Beaucens, reconnaissaient Thibaut II comme leur seigneur et déclaraient tenir de lui leurs châteaux.

De leur côté, l'évêque Guy et le Chapitre de Notre-Dame d'Anis « déclarèrent et promirent, dit Marca, par lettres du 24 février et du 7 avril 1267, à Thibaut de Navarre, qu'ils le recevraient en foi et hommage, quand serait établi par sentence ou par compromis, que leur Eglise doit avoir la suzeraineté sur le château de Lourdes et le comté de Bigorre. » Le Chapitre promettait encore « que ce droit qu'il revendiquait contre le roi d'Angleterre, Edouard son fils aîné, et Esquivat de Chabanes, aux frais du roi de Navarre, il le poursuivrait jusqu'à la fin; qu'il ne ferait point la paix sans l'assentiment du roi de Navarre et n'admettrait personne à l'hommage, jusqu'à ce que la discussion ait été faite du droit que prétend avoir le roi de Navarre, sur le comté et le château, et que ledit roi soit prêt à ester en justice par devant eux. »

Nous nous excusons de tant de détails qui peuvent paraître superflus, dans un livre qui n'a pas d'autre objet que de montrer que pendant des siècles, la Vierge Marie, sous le nom de Notre-Dame d'Anis ou de Notre-Dame du Puy, a joui de l'hommage de Lourdes et de son château, et puis de tout le comté de Bigorre, comme Dame et Comtesse suzeraine, pour l'hommage.

Mais nous poursuivons aussi, concurremment, la réfutation de l'opinion de ceux qui, plutôt que d'admettre les droits de la Vierge Marie, que confirmera l'arrêt du Parlement de 1291, s'efforcent de dénaturer les faits selon leurs préjugés et entendent dédaigneusement rejeter cette décision de justice, comme un acte de politique ayant faussé le droit !

A cet effet, au point où nous en sommes arrivés, et avant de faire connaître les documents que nous avons encore à produire, nous le demandons à tout esprit non prévenu : La revendication de l'Eglise d'Anis, n'est-elle pas déjà justifiée ? La solution vers laquelle le Parlement s'achemine, avec une lenteur qui est bien de l'époque, ne se devine-t-elle pas ? Ne s'impose-t-elle pas ?

Nous avons dégagé avec évidence des obscurités de la fable, le fait *incontestable* que depuis un temps immémorial, Lourdes et sa citadelle rendaient l'hommage féodal à Notre-Dame d'Anis.

Nous avons rapporté le diplôme par lequel Bernard Ier, comte de Bigorre, soumit son entier comté à la suzeraineté de l'Eglise de Notre-Dame d'Anis (1062).

Nous avons montré le roi d'Angleterre Henri III, s'efforçant d'acquérir les droits de suzeraineté de

Notre-Dame d'Anis sur Lourdes et son château, et le comté de Bigorre (1253).

Nous avons vu Esquivat de Chabanes, héritier de la comtesse Pétronille de Bigorre, se déclarer vassal du roi d'Angleterre, substitué à l'Eglise de Notre-Dame d'Anis, « naguère sa suzeraine » (1254).

Voici maintenant que le droit souverain de Notre-Dame d'Anis, est reconnu, proclamé, officiellement réglé par un traité authentique de Thibaut II, roi de Navarre, cessionnaire des droits des comtes de Bigorre (1266).

Si notre preuve s'arrêtait là, qui donc dirait qu'elle n'est pas faite?

Et qu'on ne prétende point que l'acte si important du roi de Navarre a été tenu secret! C'est exactement le contraire qui est vrai. — Autant le roi d'Angleterre tient cachée la vente des droits de la Vierge, que lui a consentie l'évêque de Ventadour en 1253, autant le roi de Navarre rend publique la cession que lui ont faite de leurs droits le fils et la veuve du comte de Leicester.

C'est ainsi que l'on voit dans la session du Parlement de la Toussaint 1269, Geoffroy de Monthéry, chanoine de Saint-Etienne de Troyes, clerc et procureur du roi de Navarre, proclamer devant la Cour, que son maître tient en toute mouvance le fief de Bigorre, du Chapitre et de l'Eglise du Puy. — Or Jean-Dominique, procureur du roi d'Angleterre, était présent à cette déclaration, et il n'apparaît point qu'il ait protesté.

Qu'on ne dise pas surtout, confondant avec dextérité les dates, que la justice du Parlement a été surprise par les légistes de Philippe le Bel ; car c'est là le grand moyen des réformateurs de l'arrêt de 1291. — A l'heure où je viens d'arrêter mon récit, sur des constatations si formelles, que j'ai pu écrire : « La preuve du droit de la Vierge n'est-elle pas faite? » Louis IX vit encore ; l'enquête qu'il a prescrite s'est achevée sous ses yeux, et celui qui sera Philippe le Bel a exactement un an !

Qu'on reproche à ce souverain d'avoir altéré le titre des monnaies ou d'avoir très justement encouru les foudres de l'Eglise, nous ne songerons pas à le défendre ; — mais qu'on l'accuse d'avoir « voilé la violence sous des formes juridiques » et « coloré l'iniquité » dans un âge aussi tendre, c'est ce qui nous paraît positivement difficile à admettre.

Or, nous ne saurons assez le répéter, dès 1253 et à plus forte raison en 1269, dernière date par nous citée, le droit de Notre-Dame du Puy était si évident, que le roi d'Angleterre avait essayé de le supprimer en l'achetant, et saint Louis vivait encore.

CHAPITRE VIII

Le Procès contre le Roi d'Angleterre. L'Arrêt de 1291.

A quelle date exacte se sont ouvertes les hostilités judiciaires, entre l'Eglise du Puy et le roi d'Angleterre ?

Les pièces du procès, qui ont été égarées et n'ont pu être suppléées, nous l'eussent appris. A leur défaut, ce que l'on peut conjecturer, c'est que la requête introductive d'instance n'a pas dû beaucoup tarder, après le retour de la croisade du roi saint Louis (1254).

Toutefois, nous devons observer que c'est en 1262 que Simon de Montfort, comte de Leicester, afin d'affirmer ses droits sur le comté que lui avait cédé Esquivat, tint à accomplir une obligation personnelle des comtes de Bigorre, vassaux de Notre-Dame d'Anis, pour l'hommage.

Comment ce gouverneur de la Guyenne pour le compte du roi d'Angleterre, — lequel, nous le savons, venait d'acheter les droits de Notre-Dame d'Anis sur la Bigorre, — justifiait-il ce « croc-en-jambes » à son souverain ? C'est ce qu'il est assez malaisé de déterminer. Il est pourtant difficile d'admettre qu'en 1262, Simon de Montfort ignorât la vente consentie par Bernard de Ventadour à Henri III !

Peut-être l'explication est-elle tout simplement dans l'obéissance de Leicester aux ordres du roi d'Angleterre, désireux de dissimuler à ce moment-là l'acte de 1253. Il n'en fit effectivement pas état, à l'appui de ses prétentions, au début du procès, et réclama simplement la propriété du comté de Bigorre, comme faisant partie des terres qu'Eléonore de Guyenne avait apportées en dot à Henri II Plantagenet, après qu'elle eût été répudiée par Louis VII.

S'il en a été ainsi, il est très vraisemblable que le procès était en cours en 1262 ; — quoiqu'il en soit, si les premières liasses des pièces de la procédure manquent, elles n'ont cependant pas toutes disparu. M. Rocher, l'un des contempteurs de l'arrêt, et non le moins passionné, doit reconnaître « que des indications éparses çà et là, attestent que l'instruction de l'affaire fut minutieuse, incidentée et surtout très longue, et qu'elle se poursuivit pendant tout le règne de Louis IX. »

Il y a lieu de retenir cette déclaration d'un adversaire du droit de la Vierge; et cette autre qui la complète : « Saint Louis, au milieu de ses belles réformes, sur la justice et l'organisation du Parlement, avait institué une série de procédures dont on peut médire, en les traitant de chicanes, mais qui n'en restent pas moins, en tous temps, et sous tous les régimes, les gages les plus sérieux des intérêts privés.... Malgré les résistances des barons qui invoquaient sans cesse les vieux usages, il (Louis IX) avait emprunté au droit romain, le système des enquêtes écrites. »

Assurément cette voie d'information n'est pas la perfection; — tout le monde le reconnaît. Elle est cependant, encore de nos jours, la mesure d'instruction à laquelle recourent nos tribunaux quand la preuve offerte par les plaideurs est pertinente et admissible.

Il y fut recouru dans le procès de l'Eglise d'Anis contre le roi d'Angleterre. Les dépositions recueillies sous la foi du serment, à une époque où le serment avait une gravité que les mœurs et le scepticisme modernes lui ont un peu enlevée, — le serment prêté devant une cour de justice dont un souverain comme saint Louis dirigeait les travaux, dans un souci de droiture et d'équité dont témoigne ce précieux recueil de lois publié par les soins du roi aidé de son Parlement, et qui porte dans l'histoire le nom d' « Etablissements de saint Louis », — les dépositions sous la foi du serment, sans la connaissance desquelles il est inadmissible que l'on puisse critiquer l'arrêt de 1291, — les magistrats chargés de l'affaire les ont eues sous les yeux, quand ils ont jugé; et c'est peut-être la seule réponse à faire à ceux qui pensent donner d'utiles leçons de droit féodal, à nos vieux conseillers du XIIIme siècle.

Mais nous nous sommes arrêtés, au précédent chapitre, sur un incident d'audience qui porte la date de 1269, et nous savons déjà que l'arrêt définitif est de 1291. Que s'est-il passé pendant ces vingt-deux années, depuis que Thibaut II de Navarre apporta, si on peut ainsi parler, son témoignage à la cause de Notre-Dame d'Anis?

Au point de vue du procès, assurément peu de chose, sinon des incidents de procédure qui nous échappent, car ici encore, les pièces ont disparu. Mais en dehors de l'enceinte de la justice, l'histoire enregistrait des événements qui devaient retentir, sinon sur le procès, du moins sur ses suites.

D'abord, en 1270, le roi saint Louis mourait; — Philippe le Hardi, son fils, lui succédait; et la même année, au retour de l'expédition de Tunis, comme Louis IX auquel il était profondément attaché, Thibaut II de Navarre décédait à son tour, à Trapani, en Sicile.

Thibaut avait à peine trente ans. Il laissait sa couronne à son frère Henri, marié avec la princesse Blanche, sœur du comte d'Artois; et les fêtes du couronnement étaient à peine terminées, après le deuil de la cour, que le roi Henri lui-même, venait à mourir en 1274, laissant pour lui succéder, une petite fille de trois ans, Jeanne.

C'était une très riche héritière, que cette orpheline; et aussi, dès le décès de son père, trois grands partis se formèrent-ils en Navarre, — l'un pour le soutien des intérêts français, les deux autres, dans l'intérêt de la Castille et de l'Aragon.

La reine douairière de Navarre, Blanche d'Artois, mit fin à ces compétitions, en plaçant sa petite fille sous la garde de Philippe le Hardi.

Ce fut le motif déterminant d'une guerre assez longue que nous n'avons pas à raconter. Il nous suffit d'indiquer que Philippe le Hardi fit élever avec le plus grand soin la petite héritière de Navarre, et que le lendemain de la fête de l'Assomption de l'année 1284, il la fit épouser à son fils, Philippe le Bel.

Le fief de Bigorre, y compris Lourdes et son château, était naturellement compris dans la dot de Jeanne; et cette princesse qui devait être reine de France, se trouvait ainsi relever de l'Eglise de

Notre-Dame d'Anis, aux termes du traité de 1266, dans les conditions stipulées par son oncle Thibaut II de Navarre, pour lui-même et ses successeurs.

D'autre part, Esquivat de Chabanes, devenu l'agent dévoué du roi d'Angleterre, était à Paris pour la surveillance des intérêts de son seigneur et maître, au Parlement. — Nous en avons le témoignage dans une lettre que l'on conserve en original, aux archives de la Tour de Londres, et en copie à la Bibliothèque nationale à Paris (Mss. coll. Brequigny, t. LXV, f° 114), — lettre sans date, mais que l'on présume de 1280, et dans laquelle cet infortuné plaideur s'efforce de donner la plus grande confiance à son royal correspondant, le roi d'Angleterre, sur l'issue du procès; — tandis que de la même époque, on conserve également aux archives de la Tour de Londres, en original, et à la Bibliothèque nationale, en copie, (Mss. coll. Brequigny, t. LXV, f° 109), une lettre de Jean de Grailly, sénéchal du roi d'Angleterre, qui est infiniment moins rassuré et prêche la temporisation.

Il est d'ailleurs remarquable qu'à cette date de 1280, l'acte de vente de l évêque de Ventadour, de novembre 1253, n'a pas encore été produit. Le sénéchal de Grailly ne croit pas que le moment en soit opportun. Il vaut mieux attendre, et traîner les choses en longueur. Si cependant l'Evêque et le Chapitre d'Anis devenaient trop pressants, alors il se déciderait à verser ce document si précieux, aux débats. Mais en attendant, il estime prudent de ne pas réveiller le lièvre qui dort. — *Excitare leporem dormientem,* dit la lettre.

On dut suivre son conseil, car en 1283, les choses sont toujours au même point. Le procès coûte seulement de plus en plus cher, et le sénéchal est contraint d'emprunter trois mille livres pour faire face aux frais et honoraires de ce long litige. — Trois mille livres ! Somme considérable pour l'époque, et qui est prêtée par l'Evêque d'Agen, auquel est abandonné à titre de garantie, à due concurrence, l'impôt des vins que le roi d'Angleterre percevait dans son château de Bordeaux.

Enfin, Esquivat de Chabanes mourait à son tour en 1283, sans avoir vu la fin de ses tribulations et après avoir institué pour sa légataire universelle sa sœur Lore. Cette mort, comme nous l'avons déjà dit incidemment, suscita de nouvelles contestations, entre les descendants de la comtesse Pétronille, et le testament d'Esquivat ne les apaisa pas.

De ces querelles et de ces réclamations embrouillées nous ne retiendrons, bien entendu, que ce qui touche au procès qui nous intéresse pour Notre-Dame d'Anis.

Donc, Gaston de Béarn n'était plus en cause, mais bien sa fille aînée, Constance, qui, à défaut du comté qu'elle réclamait comme héritière de sa mère, décédée en 1272, hérita du moins de la ténacité paternelle.

Elle engagea la lutte aussitôt après la mort d'Esquivat, en provoquant les Etats de Bigorre à la reconnaître comme légitime souveraine. Elle promettait la paix, et garantissait tous les privilèges et toutes les franchises du peuple Bigourdan.

Le peuple l'acclama ; et elle reçut l'hommage de la Bigorre, le 1er septembre 1283. — Elle n'avait, réellement, pas perdu un seul jour !

L'événement fit du bruit ; et la comtesse Lore, héritière d'Esquivat, agissant tant en cette qualité que comme cessionnaire des droits de sa sœur Mathilde, après avoir protesté énergiquement contre les agissements de Constance, réclama l'aide du roi d'Angleterre pour en avoir raison.

Le roi d'Angleterre était alors Edouard II qui avait succédé à Henri III son père.

Edouard ne cherchait qu'un prétexte pour prendre pied en Bigorre. Il fit envahir le comté par le sénéchal de Grailly ; et quand il en occupa les positions les plus utiles, il se déclara seul suzerain du comté en vertu de la cession consentie à son père Henri III, en novembre 1253, par Bernard de Ventadour, Evêque du Puy.

Lore protesta vainement, et Constance était trop faible pour résister. Elle s'inclina; rendit hommage; prêta serment au roi d'Angleterre, et attendit.

Ainsi avait-on « réveillé le lièvre qui dormait ». Quelle allait en être la conséquence devant le Parlement ?

Il n'était vraiment pas nécessaire d'être grand clerc pour le prévoir. Sans doute le roi d'Angleterre produisait un acte duquel résultait que depuis trente ans, l'Eglise du Puy lui avait, par son Evêque, vendu tous ses droits sur le comté de Bigorre. Mais il résultait du même acte que cette vente n'avait été ni connue ni approuvée par le Chapitre, qui n'y avait pas concouru, et que depuis le même temps à peu près, ce même souverain cachait à la justice un contrat qui était le plus formel désaveu de tout ce qu'il avait soutenu et plaidé jusqu'alors !

Dans tous les cas, le procès changeait de face. Il ne s'agissait plus de savoir si la Bigorre était comprise dans la dot d'Eléonore de Guyenne, épouse d'Henri II Plantagenet, mais bien de savoir si la vente consentie par Bernard de Ventadour était valable ou nulle.

Pierre de Marca, si hostile qu'il fût à l'Eglise d'Anis, n'a pas une hésitation : « Il est à propos, dit-il, de considérer que le roi d'Angleterre fournit le moyen de perdre sa cause; d'autant qu'il avoue que tout le droit qu'il possède en la supériorité de Bigorre, dépend de la cession de Bernard, Evêque du Puy, et de son Chapitre (ce qui était inexact). Or il est constant que les aliénations des biens de l'Eglise, qui n'ont fondement légitime, et ne sont pas faites avec les solennités requises, comme celle-ci, sont de nul effet. Joinct que l'on avait pratiqué sans doute quelque supercherie, du temps de l'évêque Bernard, pour obtenir ce transport, laquelle fut vérifiée par l'enquête qui avait été faite, de l'ordonnance du roi saint Louis; de sorte que l'Anglais ne pouvait empêcher que l'Eglise du Puy ne fût maintenue au premier chef de possession qui fut jugé — réservée la question de propriété ou de pétitoire.... »

Donc, après que le roi d'Angleterre eût commis l'insigne maladresse de produire l'acte de vente de 1253, la question ne faisait plus de doute pour personne, et c'était justice que le Parlement le déboutât de ses prétentions; c'est ce qui eut lieu au cours de la session de la Chandeleur de 1291, où fut enfin jugée cette longue affaire.

Nous ne pouvons pas rapporter le texte même de l'arrêt, lequel était inséré dans le livre des enquêtes de Nicolas de Chartres, perdu depuis le XVIIme siècle. Une seule chose importe, au surplus : le dispositif, c'est-à-dire ce qui a été jugé, reconstitué en partie d'après des copies, par L. Delisle.

Donc, ainsi qu'il est encore d'usage, l'arrêt débutait par l'exposé des faits du procès, et des prétentions contradictoires des parties. — Il rappelait que depuis de longues années, une contestation existait entre l'Eglise du Puy et les rois d'Angleterre.

L'Evêque et le Chapitre de Notre-Dame du Puy se plaignaient d'avoir été injustement dépouillés de l'hommage et féauté du comté de Bigorre. Ils exposaient qu'après le décès de Simon de Montfort, le roi d'Angleterre avait reçu le serment de vassalité d'Esquivat de Chabanes, — auquel serment il n'avait aucun droit. Qu'il avait, en outre, empêché le Chapitre et l'Evêque de jouir du château de Lourdes, en assiégeant cette citadelle, et en se livrant à toutes sortes de déprédations sur les terres qui l'entourent. Ils observaient que cependant le Chapitre de Notre-Dame d'Anis a été reconnu en qualité de seigneur dominant de Lourdes et de Bigorre, par le roi de Navarre; et par tous ces motifs, l'Evêque et les Chanoines de Notre-Dame d'Anis, demandaient au Parlement, à être maintenus en possession de l'hommage du comté, et à voir disparaître tous les obstacles indûment apportés à leur paisible jouissance.

C'est qu'en effet, il ne saurait trop être observé que ce procès, ce grand procès, qui a duré plus d'un quart de siècle, et a soulevé tant de discussions, est uniquement une instance au possessoire, c'est-à-dire un litige dans lequel il s'agit de savoir lequel des deux plaideurs, était, au moment où la difficulté a été soumise à la justice, *en possession* légitime ou contestable, du comté litigieux, laissant de côté pour l'instance pétitoire, c'est-à-dire pour l'examen au fond du droit de propriété, la question de savoir qui était *propriétaire* du droit réclamé.

On a le droit de se demander si ce n'est pas pour avoir méconnu cet unique et véritable objet du litige, qu'il a été dit tant de mal d'une décision qui ne pouvait réellement pas être différente de ce qu'elle est.

Après avoir exposé, comme nous venons de le dire, la requête de l'Evêque et du Chapitre de Notre-Dame d'Anis, le Parlement précisait, à son tour, la prétention du roi Edouard II.

Il ne s'agissait plus des droits qu'aurait apportés en dot à la couronne d'Angleterre, Eléonore de Guyenne, après sa répudiation par le roi de France. Le roi Edouard a, nous le savons, changé de système : il a réveillé le lièvre endormi ; et à cette heure, il se réclamait uniquement de la vente consentie à Henri III, son père, par l'évêque

Bernard de Ventadour, du consentement, dit-il, du Chapitre. En conséquence de quoi, il prétendait simplement avoir usé de son droit, en s'attribuant la propriété de l'entier comté de Bigorre, et en en recevant l'hommage.

Tout ceci ayant été exposé, le Parlement, « après avoir écouté les plaidoiries des deux parties, vu les pièces produites par le roi Edouard, vu l'enquête faite par Louis IX, d'illustre mémoire, juge que le roi d'Angleterre a injustement dépouillé l'Eglise de Notre-Dame du Puy de la possession du fief et de l'hommage du comté; dit qu'il l'a troublée au sujet du château de Lourdes; dit qu'il est tenu à la restitution du fief et de l'hommage du comté, — à l'exception du château de Lourdes, — et à faire cesser les empêchements existants pour ce château : condamne le roi d'Angleterre à rendre à l'Eglise du Puy, les fruits et les revenus perçus depuis le jour du trouble; et le condamne enfin aux dépens; — le pétitoire étant néanmoins réservé au roi. »

Nous prions le lecteur d'observer l'exception prévue dans l'arrêt pour le château de Lourdes ! Il ne peut y avoir à cet égard aucune erreur. Nous rappelons que cette exception s'explique par le fait que le château de Lourdes, n'était pas aux mains du roi d'Angleterre, mais en celles des souverains de Navarre. Le roi d'Angleterre n'avait donc pas à le restituer.

Oh ! nous n'ignorons pas que la Maison de Foix, donataire de Constance de Béarn, sollicita au xvme siècle une consultation de Nicolas, abbé de Palorme, légiste éminent, qui naturellement lui donna raison. Nous savons aussi que les puissants seigneurs de Foix firent, à la même époque, établir un mémoire à l'appui de leurs tenaces réclamations. Nous savons enfin, que ce mémoire a été la source où tous les critiques de la justice du Parlement ont, depuis lors, puisé leurs arguments contre l'arrêt que nous venons de résumer. Mais, nous avons été avocat trop longtemps, pour ne pas savoir avec quelle prudence les juges doivent faire crédit aux titres que les plaideurs se font à eux-mêmes, ou font établir par leurs conseils.

Le mémoire des comtes de Foix et la consultation de Nicolas de Palorme, que ses contemporains qualifiaient, paraît-il, d' « oracle de la chrétienté », nous laisse, je le confesse... un peu surpris.

CHAPITRE IX

Sequestre du Comté de Bigorre. — Hommage de Jeanne de Navarre, Reine de France (23 Avril 1293).

Que Philippe le Bel ait vu avec satisfaction la défaite judiciaire du roi d'Angleterre et qu'il ait accueilli avec joie la perspective de ramener, sous l'influence de la France, ce comté des Marches d'Espagne, soustrait à la suzeraineté royale depuis le IXme siècle, il n'eût pas eu l'âme de nos rois, s'il en eût été autrement.

Cette considération ne serait cependant pas une suffisante excuse, si pour réaliser son dessein, même dans l'intérêt de la France de l'avenir, telle qu'il la voyait dans ce grand rêve d'unité, que chacun de nos rois semble avoir transmis à son successeur avec le sceptre et la couronne, il avait fait échec, par la force ou par la ruse, à des droits légitimes appartenant à plus faible ou à moins habile que lui.

C'est ce que voudraient prétendre ceux qui semblent avoir appris l'histoire dans le mémoire établi par la Maison de Foix, à l'appui de ses réclamations contre les arrêts du Parlement et la politique de Philippe le Bel. Mais ils sont, en ceci, profondément injustes; et cela est si vrai qu'ils sont eux-mêmes entraînés, non pas à soutenir les intérêts de la succession de la comtesse Pétronille et à rechercher en toute équité, laquelle de ses petites-filles pouvait légitimement se dire son héritière; mais qu'ils n'ont souci que de la réclamation de Constance de Béarn, parce que c'est d'elle seule, que le comte de Foix tenait ses droits.

En effet, le 10 mai 1286, Constance de Béarn, deux fois veuve et sans enfant, enfin découragée de la lutte, avait fait donation des droits qu'elle prétendait sur le comté de Bigorre, à sa sœur Marguerite, et au mari de celle-ci, Roger Bernard, comte de Foix.

En ce qui concerne les autres successibles de la comtesse Pétronille, on se contente de faire grand état de ce qu'ils n'avaient pas été mis en cause devant le Parlement; ce qui apparaît aux historiens comme une monstruosité juridique; alors qu'en réalité, s'ils n'étaient pas en cause, c'est qu'ils avaient estimé dangereux d'intervenir dans un litige pendant entre le roi d'Angleterre et l'Eglise d'Anis, sur l'unique question de savoir, lequel de ces deux plaideurs avait la possession du droit d'hommage sur le comté de Bigorre !

Car nous ne saurions trop le répéter : il ne s'agissait pas d'autre chose; et le Parlement, en reconnaissant la possession de l'Eglise d'Anis, a réservé au roi d'Angleterre, et à plus forte raison, à tous les intéressés qui ne figuraient pas au procès possessoire, le droit de faire la preuve de leur droit de propriété, dans une nouvelle instance, au pétitoire.

Mais les successibles de la comtesse Pétronille, pas plus que le roi d'Angleterre, n'étaient disposés à aborder cette procédure.

La raison en est claire : le roi d'Angleterre était sans autre titre que la vente de 1253 qui était nulle; et les successibles de la comtesse Pétronille, de quelque façon qu'ils eussent présenté leur requête, soit par la voie de l'intervention, soit par la voie de l'assignation directe, étaient bien forcés de reconnaître que leur aïeule comme eux-mêmes, étaient en leur qualité de successeurs du comte Bernard Ier, obligés par le contrat de celui-ci, à la même tenure perpétuelle, et à la même redevance à titre de cens. — Or, cela dut, et avec raison, leur apparaître comme bien dangereux pour leur prétention de droit divin.

Aussi, lorsque l'abbé de Palorme écrivait, dans l'intérêt de ses hauts clients, les comtes de Foix, que la comtesse Pétronille était propriétaire incommutable de son comté, se borne-t-il à l'affirmer sans essayer d'en faire la preuve; et changeant de sujet, s'empresse-t-il d'observer que Constance de Béarn comme Esquivat, ignoraient les droits de supériorité de l'Eglise d'Anis; et que dans tous les cas, Constance n'avait pu refuser au roi d'Angleterre un hommage exigé à main armée !

Et ces deux subsidiaires, dont le premier est inadmissible, nous paraissent affaiblir considérablement, l'affirmation hautaine que la comtesse Pétronille était propriétaire incommutable de son comté !

D'autre part, si la violence est une excuse, au moment où elle s'exerce, elle devient sans valeur juridique, dès l'instant qu'ayant cessé, celui qui l'a subie, ne désavoue pas son attitude forcée.

Or, Esquivat est demeuré jusqu'à son dernier jour, l'agent dévoué du roi d'Angleterre, et Constance n'a parlé pour la première fois, de rendre hommage à Notre-Dame du Puy, que le 9 octobre 1292, quand elle comprit, enfin, le danger de ses agissements passés.

D'après le droit féodal, toutes les fois que le fief changeait de mains, « le relief était exigible » — entendez que le vassal était tenu de rendre hommage à son suzerain; et s'il prêtait serment à un autre que son « droit seigneur », il encourait la déchéance de sa possession.

Telle était la situation d'Esquivat, et après lui de Constance; et nous le reconnaissons, Philippe le Bel s'empressa de profiter d'une situation qui servait la politique française; car il est presque inimaginable que les ennemis de ce prince n'aient vu dans ses actes, que la cupidité d'un méchant homme, abusant de sa force pour s'emparer du bien d'autrui; et que pas un seul n'ait paru comprendre, de quel intérêt capital il était pour la couronne de France, c'est-à-dire pour la France elle-même, à cette époque, que les possédants d'un fief en terre française, lambeau détaché de la grande France de Charlemagne, par l'usurpation, ne pussent du moins, sous aucun prétexte, se donner avec leurs comtés à des souverains étrangers.

Ce que nous disons là est si vrai, que Philippe le Bel n'eut peut-être pas, à la première heure, le dessein d'imposer aux héritiers de la comtesse Pétronille, la déchéance de leurs droits sur le fief de Bigorre, par application stricte du droit féodal, et qu'il songea encore bien moins à s'en emparer.

Mais il a été amené aux mesures coercitives par l'attitude arrogante de Constance de Béarn, et ses menées politiques en Bigorre. A ce moment, nous le voyons confier au sénéchal de Périgord, l'exécution de l'arrêt que vient de rendre le Parlement, et il lui prescrit d'investir lui-même l'Evêque et le Chapitre de Notre-Dame d'Anis, des droits résultant à leur profit de la décision rendue; et tout particulièrement, de leur faire restituer les revenus échus depuis le début du procès, et les frais de la procédure, — ce qui est exclusif de tout calcul personnel.

En ce qui concerne les frais, la réclamation était fondée; mais en ce qui concerne les revenus du comté, l'arrêt faisant à la cause, la stricte application des principes du droit féodal, excédait la demande de l'Eglise d'Anis. L'arrêt ne pouvait pas, en effet, reconnaître le droit du seigneur dominant, sans lui rendre la libre disposition, et tous les revenus courus ou à courir, d'un fief qui n'avait plus de titulaire utile.

Mais l'Eglise d'Anis protesta loyalement ne prétendre qu'à l'hommage du comté et à la redevance des soixante-deux sous stipulés par Thibaut II. Elle se reconnut dans l'impossibilité de gouverner elle-même et d'administrer le comté; — encore bien moins se voyait-elle obligée de faire la guerre ou de la subir, pour assurer la libre jouissance du vassal dont elle recevait l'hommage; et de même qu'elle protestait tenir de Bernard Ier, c'est-à-dire du pouvoir alors dominant, son droit de suzeraineté, elle demandait que cette suzeraineté fût limitée à l'hommage et à la redevance stipulés par Bernard Ier et Thibaut II.

Le sénéchal de Périgord dut en référer à son souverain, lequel mit la question à l'étude.

Il n'en est pas moins vrai que Philippe le Bel avait eu à ce moment, la pensée que le comté de Bigorre était, par le fait de l'arrêt, rentré dans les mains de l'Eglise d'Anis, et qu'il entendait lui en restituer la jouissance depuis le début de la procédure, et dans l'avenir.

L'affaire demeura en suspens jusqu'à l'année suivante, où le roi confia l'exécution de l'arrêt à un homme dont les contemporains affirment la très haute valeur, l'extrême énergie, et le dévouement à toute épreuve : Eustache de Beaumarchais, sénéchal de Toulouse et d'Alby.

Pour faciliter la tâche de son préposé, en supprimant l'obstacle auquel s'était heurté le sénéchal de Périgord, il fit rendre par le Parlement, un second arrêt dont la traduction est donnée par de Marca dans son *Histoire de Béarn,* page 830, et qui met sous sequestre en ses mains souveraines, l'entier comté de Bigorre.

Cet arrêt qui interprète et complète l'arrêt de 1291, n'emportait point comme on l'a encore dit à tort, la dépossession des ayant-droits de la comtesse Pétronille, ce qui eût été un acte de violence; mais, ce qui est bien différent, il pourvoyait à l'administration du fief jusqu'à ce que les intéressés aient fait lever le sequestre mis sur leur fief; ou jusqu'à ce que le Parlement les ayant déboutés, il ait été pourvu à la reconnaissance d'un nouveau comte. Les successibles de la comtesse Pétronille le savaient bien; mais ils savaient aussi qu'ils avaient manqué à leur serment de fidélité envers leur droit seigneur, et que par là même, ils avaient encouru la déchéance de leur possession.

Qu'on nous pardonne, une fois de plus, ces détails qui retardent nos conclusions, mais il importe, nous semble-t-il, que soit enfin éclairé l'injuste discrédit jeté sur Philippe le Bel à l'occasion du procès de Bigorre, afin que rien n'en puisse rejaillir sur l'Eglise de Notre-Dame d'Anis.

Eustache de Beaumarchais, ne pouvait évidemment pas exécuter lui-même les ordres du roi. — Il donna commission à l'un de ses officiers, Jean de Longperrier, homme particulièrement énergique, et ferme jusqu'à la dureté.

Nous ne pouvons pas raconter ici, comme il le faudrait faire, la mission de Longperrier, accompagné du doyen de l'Eglise du Puy, Raymond Lagier, et de maître Arnaud Jean, juge-mage de la Ribeyre.

Constance et les comtes de Foix avaient bien préparé le pays. Partout où l'arrêt était publié, elle surgissait elle-même ou à son défaut ses mandataires, lesquels protestaient dans de véhéments discours, qui tous, se terminaient invariablement par cette réponse hautaine et glacée de Longperrier : « Obéissez aux ordres du roy ! » et ce cri de Constance ou du comte de Foix, son beau-frère : « Nous en appelons au roy. »

Cette scène se reproduisit dans l'église de Sémiac, où s'étaient assemblés les Etats de Bigorre ; dans l'église paroissiale de Saint-Jean-de-Tarbes ; dans la ville de Bagnères ; au castel de Mauvezin, au castel de Vic, etc., etc....

On nous pardonnera de nous arrêter au castel de Vic où la scène, plus violente, fut assez pittoresque.

C'est à la date du 3 octobre 1292, que le commissaire Longperrier se présenta devant la barbacane du château de Vic. — La porte était close.

Longperrier n'était pas homme à s'arrêter devant une porte close. — Il la força et pénétra dans le château. Mais là, nouvel obstacle : l'huis de la cour comtale était fermé et barricadé.

Longperrier l'emporta de haute lutte. Sur quoi surgit Bernard de Foix, lequel protesta avec colère contre ces actes de violence ! Longperrier le saisit aux vêtements « et le mit dehors ! » Sur quoi le comte de Foix en appela naturellement au roi !

Enfin les Etats de Bigorre se réunirent une seconde fois à la date du 9 octobre, en présence du commissaire Longperrier, du doyen Lagier et de maître Jean Arnaud, juge-mage.

Arnaud Guillaume, président, fit un long discours en faveur de Constance, affirmant que tous les nobles et abbés composant la Cour de Bigorre restaient fidèles à Constance de Béarn, leur souveraine. Constance, à son tour, invoqua ses titres, et comprenant enfin que son obstination à méconnaître les droits de Notre-Dame d'Anis, avait été son erreur, elle se déclara prête à rendre à l'Eglise d'Anis, les devoirs dont elle pouvait être tenue. Malheureusement pour elle, sa trop longue résistance et ses intrigues en Bigorre pour soulever l'opinion publique, avaient irrité Philippe le Bel. Fidèle à ses instructions, Longperrier répéta sèchement : « Obéissez à la volonté du roy ! » Et Constance et les Etats en appelèrent d'une voix unanime à Philippe le Bel lui-même !

La déclaration de Constance, qu'elle était prête à s'incliner enfin devant l'arrêt de 1291, en rendant à Notre-Dame du Puy, l'hommage qu'elle avait cru naguère plus avantageux de rendre au puissant roi d'Angleterre, avertit Philippe le Bel de l'imminence de la démarche de Constance auprès de l'Evêque et du Chapitre du Puy. Or, d'une part, il ne pouvait guère espérer de ces dignitaires ecclésiastiques, un refus d'agréer l'hommage de cette haute et puissante dame, prétendant agir au droit des comtes de Bigorre, les vieux et fidèles vassaux de Notre-Dame, alors qu'aucune décision de justice n'était encore intervenue, déclarant leur déchéance; et qu'ils avaient eux-mêmes décliné l'honneur de la dépouiller de son fief, comme « seigneur dominant ». — D'autre part, le doyen du Chapitre, Raymond Lagier, venait d'être témoin en Bigorre de la popularité, vraie ou artificielle, de Constance, auprès des barons bigourdans, et des multiples appels dont était saisie la justice du roi.

Philippe le Bel comprit qu'il devait prendre les devants, et le 23 avril 1293, après avoir obtenu du Chapitre, pour Jeanne de Navarre, reine de France, sa femme, la dispense de se présenter en personne devant le Chapitre, à raison de son état de grossesse, ce qui fut accordé sous promesse de ratification, l'archevêque de Narbonne et Pierre Flote, gentilhomme chevalier, et Jean de la Roche Aymon, aussi chevalier, rendirent hommage, et prêtèrent au nom de leur souveraine et maîtresse, serment de fidélité au Chapitre anicien.

Voici le texte de l'hommage de Jeanne de Navarre, reine de France (23 avril 1293) :

ARCHIVES NATIONALES : J 294, nº 12.

« Au nom du Seigneur : *Amen*.

« Sachent tous et chacun qui liront cet acte public, établi en l'année de l'Incarnation de Notre-Seigneur 1293, le jeudi avant la fête du Bienheureux Marc, évangéliste, c'est-à-dire le 9 des calendes du mois de mai — Philippe, par la grâce de Dieu, roi de France étant régnant ; en présence du notaire et des témoins soussignés, qui ont été convoqués à cet effet, — le Révérend Père dans le Christ, maître Gilles, par la grâce de Dieu, archevêque de Narbonne et maître Pierre Flote, chevalier dudit roi, procureurs de la très excellente dame Jeanne, reine de France et de Navarre, comtesse palatine de Champagne et de Brie, ainsi qu'en témoignent les lettres assorties du seing et du contre seing du roi et de la reine susdits, remises au Chapitre du Puy, assemblé selon la coutume, — ont dit et déclaré que :

« Attendu que la saisine et possession du fief et de l'hommage du comté de Bigorre, par jugement ou sentence de la Cour du très illustre prince roi de France, ont été déclarés et adjugés à l'Evêque, au doyen et au Chapitre du Puy, duquel comté ils disaient la propriété appartenir à la reine elle-même. Eux étaient prêts et se déclaraient prêts à faire reconnaissance, hommage et fidélité dudit comté, et pour leur compte et comme procureurs au nom de ladite reine, auxdits Evêque, doyen et Chapitre, requérant et demandant au très prudent maître Roiardi, vicaire pour le temporel et le spirituel, dudit Evêque, absent et occupé au loin, qu'ils s'accordent mutuellement à faire reconnaissance et fidélité, en mentionnant que ladite reine n'était pas présente en personne, et qu'elle ne pouvait venir commodément, parce qu'elle était proche de son accouchement.

« Or, ledit vicaire pour ledit seigneur Evêque, et ledit doyen, au lieu et au nom dudit Chapitre, à ce présent, et d'accord à la volonté de ladite reine, et lui consentant en cela une faveur spéciale, car ladite reine était tenue en personne, selon les conventions établies autrefois entre le seigneur Thibaut jadis roi de Navarre, et ledit Evêque et Chapitre, sont prêts à recevoir reconnaissance, hommage et fidélité au nom de ladite reine et en son lieu. Lesdits seigneurs, archevêque et chevalier, sous réserve de son droit et de celui de tout autre. Lesdits archevêque et chevalier ont dit au nom que ci-dessus, que ladite reine tenait et devait tenir le château de Lourdes et le comté de Bigorre des Evêque, doyen et Chapitre mentionnés ci-dessus, et ils en firent hommage au dit vicaire et doyen, les acceptant aux noms que ci-dessus, et firent jurer fidélité sur l'âme de la dite reine, par maître Jean de la Roche-Aymon, chevalier, promettant avec serment, fidélité pour ladite reine.

« Ceci fait, et convenu entre les parties susdites, qu'aucun préjudice n'en puisse résulter pour lesdits Evêque, doyen et Chapitre, et que les conventions contenues dans le contrat dudit Thibaut, autrefois roi de Navarre, soient sauves et demeurent fermes et obtiennent leur plein effet.

« Ont promis aussi ledit Archevêque et ledit Pierre Flote, chevalier, aux vicaire, doyen et Chapitre susdits, recevant la redevance aux noms que ci-dessus, de prendre soin que la reine donne des lettres patentes aux susdits doyen et Chapitre comme quoi, par grâce spéciale à eux faite, aucun préjudice n'en résultera pour l'avenir auxdits Evêque, doyen et Chapitre; qu'elle-même ratifie les actes accomplis par ses procureurs et qu'elle approuve et observera les conventions ci-dessus, selon leur teneur, d'après l'engagement de Thibaut, jadis roi de Navarre, communiqué aux procureurs.

« Fait les jours et ans ci-dessus marqués, au Chapitre du Puy, étant présents.... »

(Suivent les signatures).

Le lendemain, 24 avril, Bernard Roïardi, vicaire général, octroya par acte spécial (conservé aux Archives nationales, J. 294, n° 10) à l'archevêque de Narbonne et à Pierre Flote, la permission d'appréhender le comté de Bigorre, sous réserve toutefois, de l'approbation de l'Evêque Guy de Neuville.

Enfin, Philippe le Bel, voulant rendre définitive la reconnaissance de suzeraineté de Notre-Dame du Puy, autorisa la reine Jeanne, par lettres patentes de mai 1294, à ratifier solennellement le traité de 1266, et à en promettre l'observation par elle-même et ses successeurs, — ce que le roi approuva solennellement, en faisant apposer sur les lettres de confirmation, le grand sceau royal, ainsi que nous l'avons rapporté au pied même du traité de Thibaut II, auquel ladite ratification est jointe, sous la date susdite de 1294. (Voir ci-dessus chapitre VII).

CHAPITRE X

Arrêt du Parlement de 1303. — Echange avec l'Eglise du Puy (1307).

Comment l'hommage dû pour le comté de Bigorre à Notre-Dame d'Anis, après avoir été si solennellement, si définitivement reconnu et affirmé, a-t-il pris fin ?

C'est la question que me posait en 1903, le pèlerin étranger auquel je venais de faire connaître les droits de la Vierge sur le fief de Lourdes et le comté de Bigorre. Je ne pus, à ce moment, lui répondre, car, j'en ai fait l'aveu : si ma science était fraîche, elle était encore plus courte.

Je suis aujourd'hui mieux renseigné.

L'hommage dû, pour le comté de Bigorre, n'a été ni éteint par la désaffection des peuples, ni supprimé par la force : il a été transformé par voie d'échange en un tribut annuel de trois cents livres tournois, ce qui représentait pour l'époque une rente de quelque importance, puisque la redevance stipulée en 1062 par Bernard Ier n'était que de soixante sols Morlaas, et celle promise par Thibaut II de soixante-deux sols. — Le sol de Morlaas valait trois sous six deniers, alors que la livre tournois valait vingt sols.

Mais comment s'est réalisé cet échange? C'est ce qu'il est d'autant plus intéressant de savoir que cela va nous permettre d'achever sommairement, pour le cas où le lecteur s'intéresserait aux tribulations et aux appels des héritiers de la comtesse Pétronille, l'histoire de leur dépossession.

Reprenons donc les événements au jour où la reine de France, Jeanne de Navarre, offrit son hommage au Chapitre du Puy, comme comtesse de Bigorre, héritière des droits et des obligations de Thibaut II son oncle.

Philippe le Bel avait eu raison de ne pas s'attarder au delà de cette date. — Le 10 juin suivant, le comte de Foix se présentait devant le même Chapitre du Puy, et il déposait entre les mains du vicaire général, outre une procuration de sa belle-sœur Constance, un mémoire où il était expliqué : « que l'arrêt avait subrogé l'Eglise d'Anis au roi d'Angleterre, qui était en possession du comté par l'aveu et le consentement de Constance, pour le temps qu'il plairait à ladite dame, qui était reconnue par les Etats du pays, pour vraie et légitime comtesse, et reçue à l'hommage par le roi d'Angleterre; et partant, qu'elle ne pouvait être dessaisie de ce qui lui était déjà entièrement acquis; suppliant de la vouloir traiter suivant la teneur de l'arrêt, et de l'autoriser à prendre possession aux mêmes termes et conditions précisément qu'elle était en la main du roi d'Angleterre, et recevoir ensuite son serment de fidélité. »

« L'affaire », dit de Marca, auquel nous empruntons ce qui précède et ce qui suit : « L'affaire, fut renvoyée au lendemain, et ce jour-là, le Chapitre fit réponse, « que la grandeur et l'importance de l'affaire, la considération des personnes présentes, qui étaient en l'instance, le nombre des diverses demandes, et l'opposition formée par les procureurs de la reine, les obligeaient de décider avec mûre délibération, etc.... »

« Réponse dilatoire », dit M. Rocher que nous ne contredirons pas, et qui convainquit enfin Constance de Béarn, qu'il fallait aller jusqu'au roi.

Les autres prétendants au comté de Bigorre, moins en vue, mais aussi obstinés, suivirent la même voie, firent les mêmes démarches, et obtinrent, d'ailleurs, la même réponse.

Ainsi, Lore, vicomtesse de Turenne, se présenta elle-même en novembre 1293, offrant en qualité de comtesse de Bigorre, son hommage à l'Eglise du Puy.

D'autre part Mathilde de Courtenay, et cette même Lore, vicomtesse de Turenne, se disputaient entre elles, et recouraient à un arbitrage qui leur partageait le comté de Bigorre, mais seulement pour le cas où les autres prétendants seraient déboutés de leur prétention. Et, il faut bien le reconnaître, c'était là une amère plaisanterie, dès l'instant que parmi les prétendants, se trouvait la reine Jeanne, dont l'hommage et le serment avaient déjà été reçus par le Chapitre du Puy.

Il est évident que le parti de Philippe le Bel était pris, et que rien ne le ferait dévier de la ligne de conduite qu'il avait adoptée. Comme nous l'avons déjà observé, l'obstination orgueilleuse de Constance non moins que l'habile agitation qu'elle-même et ses agents entretenaient en Bigorre, n'étaient de nature à l'en détourner.

Aussi bien faut-il dire, que tous ces comtes de Béarn, dont Constance était la fille, oublieux de leur origine, se déclaraient souverains par la grâce même de Dieu, battaient monnaie à leur effigie, et n'entendaient relever de personne; — prétention que devait difficilement admettre un souverain comme Philippe le Bel.

C'est dans ces conditions que Philippe le Bel, fit en 1302, assigner devant le Parlement de Paris tous les prétendants au comté de Bigorre. — Il était évident qu'il voulait en finir.

L'arrêt, qui fut rendu en 1303, affirme dom Vaissette, ne nous est pas parvenu; mais le savant bénédictin français est digne de foi et sa déclaration supplée la décision détruite. Le Parlement débouta Constance de ses appels, rejeta les demandes de tous les successibles de la comtesse Pétronille, et adjugea définitivement à la reine Jeanne, la possession du comté de Bigorre.

Lorsque cette princesse mourut l'année d'après, le 13 avril 1304, son fils aîné qui devait être Louis-X le Hutin, prit le titre de comte de Bigorre, en attendant de se faire couronner, en qualité de roi de Navarre, en 1307, dans la cathédrale de Pampelune; — et comme comte de Bigorre, il rendit à l'Eglise du Puy l'hommage dont il était tenu, en même temps qu'il payait la redevance de soixante-deux sols, promise par Thibaut II.

Or, il y avait à ce moment, à la tête du Chapitre du Puy, un Evêque qui a été naturellement très discuté et quelque peu calomnié, parce qu'il avait compris le grand dessein de centralisation et d'unité des rois de France, et ne dissimulait pas combien il l'approuvait : Jean de Cumène.

Ce prélat, dont on a voulu faire un courtisan de Philippe le Bel, s'était cependant séparé de lui, dans la grande querelle de ce prince et du pape Boniface VIII.

Passant outre à la défense de son souverain, il s'était rendu à Rome avec d'autres Archevêques et Evêques, pour prendre part au Concile convoqué par le Pape.

Philippe le Bel, irrité, avait fait saisir les biens de ces insubordonnés, et les faisait administrer comme tombés en régale. Mais à son retour de Rome, Jean de Cumène ne tarda pas à rentrer en grâce auprès de Philippe qui s'y connaissait en hommes, et voulut conserver cet intelligent serviteur. C'est ainsi que, réconcilié avec son roi, après avoir imaginé avec lui, pour préparer l'opinion publique en Velay, une sorte de contrat, dit de pariage, qui associait le roi au gouvernement de l'Evêque, il finit par conclure avec lui une convention, signée dans la résidence royale de Mareil près Pontoise, à la date de septembre 1307.

Il y est d'abord expliqué que depuis longtemps déjà, des pourparlers avaient été engagés entre le Parlement de Paris et le Chapitre du Puy, à l'effet d'échanger la mouvance que cette Eglise possédait sur le comté de Bigorre, contre les droits, cens et tribut que le roi offrait en contre-échange, mais que l'accord n'avait jamais pu se réaliser. C'est pourquoi le roi Philippe et son fidèle et bien-aimé Jean, Evêque du Puy, avaient résolu de passer, à ce sujet, un contrat définitif et incommutable.

En conséquence, l'Evêque « muni des pleins pouvoirs de son Chapitre » et de l'approbation de plusieurs autres prudhommes, « considérant que l'hommage de Bigorre, fort honorable sans doute, était une charge onéreuse pour son Eglise, qui pour maintenir ses prérogatives avait été obligée de se livrer à des dépenses écrasantes, lesquelles menaçaient encore de s'accroître dans l'avenir », déclarait concéder au roi, en pleine propriété, tant pour lui que pour ses successeurs, le fief, la mouvance et l'hommage du comté de Bigorre. (Le titre est aux Archives nationales, J. 294, n° 10).

De son côté, et à titre de contre-échange, le roi octroyait à l'Evêque, un tribut annuel et perpétuel de trois cents livres tournois, à prendre sur le péage du Breuil de Nonette, au diocèse de Clermont. — Le fermier du péage devant se conformer, sous la foi du serment, à la délégation qui était faite sur lui au profit de l'Eglise du Puy; — et pour le cas où les produits du péage ne suffiraient pas à payer la rente de trois cents livres, le roi s'engageait à parfaire la somme sur les revenus du château de Nonette. (Le titre est comme le précédent, aux Archives nationales, J. J. 44, n° 10).

Tel est ce contrat assurément critiquable au point de vue purement religieux, car il nous paraît que l'Evêque et le Chapitre de Notre-Dame d'Anis, ont cédé ce qui ne leur appartenait pas.

C'est une façon de parler en effet, de dire que l'hommage est dû à l'Eglise, ou au Chapitre présidé par son Evêque. Mais l'Eglise, en dehors de celle qui la remplit de son invisible majesté, qu'est-ce donc autre chose qu'un monument de pierre et de bois? Et le Chapitre, y compris l'Evêque, qu'est-ce donc, sinon l'assemblée des serviteurs de Celle qui est honorée dans l'Eglise? C'est à la sainte Vierge, Mère de Dieu, que le sarrasin Mirat s'était rendu; c'est à Elle que Charlemagne a donné le fief de Lourdes; et en agrandissant ce fief de son entier comté, Bernard Ier n'a pas changé la personne du seigneur dominant.

Comment donc Jean de Cumène et son Chapitre ont-ils cru pouvoir enlever à Notre-Dame, un titre qu'elle possédait depuis Charles le Grand, et que les siècles avaient respecté?

Peut-être il est vrai, cette transformation du droit de la Vierge en a-t-elle assuré la conservation au travers des siècles!... Car il y a lieu d'observer que, si définitive et incommutable que fût déclarée cette convention synallagmatique, elle n'était pas une vente, mais un échange, et que les droits et les obligations des parties contractantes demeuraient corrélatifs. Si l'une des deux venait à manquer à ses obligations, toute la convention en serait affectée, et remise en question, sans qu'il puisse être opposé, ni par le roi ni par l'Eglise, aucune prescription. — En réalité donc, l'échange entre le roi et l'Eglise laissait intacts les droits suzerains de la Vierge sur Lourdes et son château et le comté de Bigorre, le jour où, par la défaillance volontaire ou forcée du roi de France, la rente de trois cents livres, viendrait à ne plus être payée.

Cet événement devait se produire en effet, à l'époque de la Révolution et nous en parlerons au chapitre qui va suivre : mais avant d'en arriver à ce grand bouleversement de la France, il nous reste, pour le cas où le lecteur s'intéresserait au sort du fief de Bigorre, abandonné par voie d'échange à Philippe le Bel, à dire ce qu'il devint dans les mains royales. Sans doute le sujet déborde notre étude; mais il y touche de si près que nous ne résistons pas à la tentation de faire connaître les suprêmes vicissitudes de ce fief légué par la comtesse Pétronille à son petit-fils Esquivat !

Tout arrive en politique, et ce que la sagesse humaine croit avoir établi sur des bases immuables, est par les événements, remis en question.

Le xvme siècle s'ouvrit, on le sait, sur le long et malheureux règne de Charles VI, l'insensé. A peine y avait-il encore une France; et tandis que celui que l'histoire devait, grâce à Jeanne d'Arc, appeler le victorieux, se faisait obscurément reconnaître comme roi, à Poitiers. Henri VI d'Angleterre, l'implacable ennemi de la monarchie française, était proclamé roi de France à Paris.

Dans cette extrémité, Charles VII fit un suprême appel à ses vassaux demeurés fidèles, et parmi eux, à Jean Ier, comte de Foix, réconcilié avec son roi, dont il était en Languedoc, le lieutenant-général. Réconcilié? oui; mais obstiné néanmoins, dans la réclamation du comté de Bigorre, refusé à sa tante Constance, il y avait plus d'un siècle.

Par lettres patentes, du 18 novembre 1425, Charles VII fit droit à cette requête, non sans doute par conviction du bon droit de son lieutenant-général, mais par le grand intérêt qu'il avait à garder son alliance.

La possession du comté passait donc à la Maison de Foix, sous réserve de la suzeraineté royale.

Mais cela même n'allait pas se réaliser sans difficultés! — Les comtes d'Armagnac et de Pardiac, se disant aux droits d'Esquivat de Chabannes, contestèrent les droits de Jean de Foix à la faveur royale. Les magistrats municipaux de Tarbes joignirent leurs protestations aux leurs, devant la Cour de Béziers, et cette Cour cédant à ces sollicitations locales, refusa de mettre le comte Jean, en possession de la Bigorre.

Charles VII dut intervenir par lettres patentes du 9 février 1426, et donna l'ordre au Parlement de Béziers de reconnaître le comte Jean.

La Cour résista et le Procureur royal déclara que pour sa part, il ne pouvait consentir à l'aliénation d'une partie du domaine de la couronne.

Les comtes d'Armagnac et de Pardiac appuyèrent naturellement ces conclusions, pour le moins spécieuses : on sentait bien que le roi n'était plus roi que de nom; et encore l'Anglais lui en contestait-il le titre!

L'affaire demeura en l'état pendant deux ans, après quoi elle revint devant la Cour, qui plus audacieusement encore, s'associant aux conclusions de son Procureur, repoussa la demande du comte de Foix.

Jean de Foix était, nous le savons, difficile à décourager. — Il en appela derechef au roi qui lui confirma sa donation du comté de Bigorre, sous réserve de ses droits souverains; et par de nouvelles lettres patentes du 7 octobre 1428, supprima le Parlement de Languedoc; et réunit son ressort à celui de Poitiers.

En 1429, le Parlement de Poitiers, instruit par l'exemple de celui de Béziers, reconnaissait le comte de Foix comme comte de Bigorre; et déboutait les comtes de Pardiac et d'Armagnac de leurs prétentions.

Cette fois, la lutte était bien finie. — La Maison de Foix triomphait; et elle demeura en jouissance paisible du comté, jusqu'au jour où Henri III de

Navarre, comte de Bigorre, à son tour, par descendance légitime des comtes de Foix, monta sur le trône de France sous le nom de Henri IV, réunissant sur sa tête, par suite de l'échange de 1307, la suzeraineté jadis jouie par l'Eglise du Puy et la possession à charge d'hommage des comtes de Bigorre.

CHAPITRE XI

L'Immaculée Conception, Dame et Comtesse de Lourdes (1858).

J'ai écrit au chapitre Ier de cet ouvrage : « Je rapporte la preuve de ce que j'ai jadis affirmé à mes auditeurs de 1903 ou 1904 : Oui, Notre-Dame du Puy, la Vierge Marie, Mère de Dieu, Celle qui s'est Elle-même qualifiée l'*Immaculée Conception*, a joui pendant des siècles, à titre de fief pour l'hommage, de la ville de Lourdes et de son château, et de 1062 à 1307, du comté de Bigorre tout entier.

« L'hommage jadis stipulé fut, à cette dernière date, échangé avec le roi de France, contre une rente à prendre sur des revenus indiqués à l'acte ; et comme cette rente n'était plus payée et que l'hommage n'était plus rendu, la Vierge a revendiqué Elle-même ses droits méconnus. »

Le lecteur, qui aura bien voulu nous suivre jusqu'ici, jugera si nous avons vraiment fait la preuve de notre première et principale affirmation.

Nous avons, pour notre part, conscience d'avoir fait cette démonstration aussi complète que possible; — et, en ce qui concerne la documentation de notre étude qui est, je le répète, un travail de bonne foi, j'affirme avoir loyalement donné tous mes soins, à la rigoureuse exactitude des titres que j'ai traduits, pour la seule commodité du lecteur.

Au surplus, j'ai indiqué toutes les sources où je les ai puisés, et il sera facile de les contrôler.

En ce qui concerne l'échange de 1307, il est un fait. Les titres qui en témoignent sont comme tous ceux que j'ai cités ou traduits; et ce que je viens de dire de ceux-ci s'applique nécessairement à ceux-là. On peut les vérifier, aux Archives nationales, avec les références que j'en ai fourni.

Enfin, je n'ai rien à ajouter aux faits de notoriété publique, comme la Révolution ou les dix-huit apparitions de 1858. Il est bien évident qu'il me suffit de m'y référer.

Mais je ne me suis pas arrêté à l'énoncé des événements; j'en ai déduit des conséquences.

J'ai hâte de reconnaître que ces déductions sont du domaine de la foi, et que ma preuve, de ce chef, n'est et ne peut être, que le loyal exposé de mes convictions personnelles.

Ceux qui disent ne pas croire au surnaturel; ceux qui ne croient pas à la réalité des apparitions à la grotte de Massabielle; ceux qui expliquent tout par des coïncidences, peuvent donc se dispenser de lire ce dernier chapitre; à moins qu'il leur paraisse expédient de se raccrocher à ces considérations d'un croyant, pour feindre de penser que tout ce qui précède est de même ordre, et repose uniquement sur les convictions religieuses de l'auteur.

C'est, en effet, un des procédés de discussion en honneur, chez ceux qui, s'étant philosophiquement appliqués sur les yeux un épais bandeau d'orgueil, affirment que la lumière n'existe pas.

C'est pourquoi nous prenons nos précautions; et au risque de dépasser même notre pensée, et de paraître douter de ce dont nous sommes profondément convaincus, nous déclarons que tout ce qui va suivre est du pur mysticisme, en donnant à ce mot le sens que lui attribue le dictionnaire de Larousse : « Toute croyance religieuse ou philosophique, qui admet des communications secrètes entre l'homme et la divinité. »

Et ceci dit, l'événement qui, avons-nous écrit, devait amener la caducité, l'anéantissement du contrat d'échange de 1307, et le rétablissement des droits de la Vierge, s'est produit à l'époque de la Révolution.

Le jour où la rente, promise en contre-échange par Philippe le Bel, fut définitivement impayée, Notre-Dame du Puy reprit tous ses droits sur Lourdes et son château, et le comté de Bigorre tout entier.

Nous disons : « du jour où la rente fut définitivement impayée », car il ne suffit pas que, sous l'empire de la force majeure, le payement du tribut fût empêché même pendant de longues années. A ce point de vue, le long temps écoulé depuis le dernier payement est sans importance. « Contre celui qui est mis dans l'impossibilité d'agir », disait le vieux droit français, avant le Code civil, « la prescription ne court pas. » *Contra non valentem agere, non currit prescriptio.*

Une seule chose, à ce point de vue, importe : c'est à savoir que la prescription ne fut pas acquise avant la Révolution, et que le tribut de trois cents livres ait été loyalement versé, jusqu'à la chute de la monarchie, — ce qui est un fait.

Mais il est bien évident que du jour où la grande tourmente emporta tout; où l'Evêque du Puy fut en exil; où le Chapitre fut dispersé; où la statue de la Vierge, vénérée par le peuple, fut réduite en cendres; où les archives de la basilique furent brûlées; où les *ex-voto* innombrables furent détruits;

où l'église fut fermée, ou ne se rouvrit que pour permettre aux entrepreneurs de sacrilèges, l'ignoble parodie de nos offices religieux, il ne pouvait être question de réclamer le tribut dû à l'Eglise d'Anis, en contre-échange de l'hommage du comté de Bigorre.

C'eût été jouer sa vie que d'y faire seulement allusion ! C'était le règne de la violence et de la force majeure ; et tout ce qu'on peut en dire, c'est qu'au cours d'un pareil bouleversement, aucun droit ne put se prescrire, parce qu'aucun droit ne put être ni défendu ni réclamé.

Mais l'état de violence prit fin ; et de ce jour, la rente de trois cents livres fut de nouveau due, par l'Etat substitué aux obligations de l'ancien régime.

Or, de ce jour, à défaut de l'exécution de la convention ou d'un acte interruptif, la prescription courut.

A quelle date se place, par rapport à l'Eglise du Puy, la cessation de l'état de violence et de force majeure ?

On serait tenté de répondre : à partir du Concordat ?

En réalité, non. — Le Concordat, en ce qui touche au vieux sanctuaire jadis si célèbre, fut très dur. Il permit évidemment au culte de reprendre, dans le bâtiment sacré ; mais il supprima le siège épiscopal et le Chapitre. — En sorte que dans la belle basilique jadis visitée par tant de princes, de rois, de Papes, et maintenant vide de tous ses souvenirs, sans son Evêque et sans ses chanoines, personne n'avait plus qualité pour réclamer au nom de Celle dont l'image même était absente, ses droits oubliés. L'état de violence ne s'accompagnait plus de flots de sang; mais la force majeure durait toujours.

Nous l'avons dit en racontant l'histoire de l'Eglise du Puy, ce fut seulement en 1827, sous la Restauration, que le siège épiscopal fut rétabli avec Mgr de Bonald, comme Evêque. C'est donc seulement à cette époque, que Notre-Dame du Puy, ayant enfin obtenu le serviteur qui avait qualité pour parler en son nom, put réclamer ses droits entravés par la terreur. C'est bien alors en effet, qu'Elle vit refleurir autour de la statue nouvelle, sculptée d'après les souvenirs et les images de celle de jadis, la foi ardente des siècles passés. Dès lors, la prescription eût pu commencer; mais il n'en fut rien, parce que sur les ruines du contrat d'échange, ce furent les droits de la Dame et Comtesse suzeraine du comté de Bigorre qui reprirent vie. C'est à cette époque, que le gouvernement de la Restauration ayant relevé l'autel de Notre-Dame, encouragea les peuples à la réparation de tant d'années scandaleuses, et que la jeunesse de Lourdes, dont faisait partie l'aïeule de mon interlocuteur de 1903, partit bravement pour le Puy en Velay, très probablement pour la fête du 15 août 1829, portant comme ses aïeux du haut Moyen Age, à leur Dame, à la Vierge protectrice, des fleurs de Bigorre et des mottes de gazon arrachées au pré du comte.

Oh ! j'entends bien les critiques des érudits.

L'hommage? Mais l'hommage féodal comportait tout un cérémonial ! Le vassal, à genoux, aux pieds de son seigneur, les mains dans ses mains posées sur l'Evangile et la Croix, sans arme, tête nue, rendait hommage et levant la main droite, prêtait serment de fidélité : *Homenadge et sacrament de fidelitat*, disait le procès-verbal de l'événement.

Assurément les pèlerins de 1829 ne firent rien de pareil. Nous estimons néanmoins que l'hommage fut rendu dans la forme nouvelle du droit moderne, comme nous considérons qu'il est toujours offert et accueilli, à cette heure, à Lourdes, où les droits donnés par Charlemagne, Bernard Ier et Thibaut II à la Mère de Dieu, au VIIIme, au XIme et au XIIIme siècles, sont désormais défendus contre toute prescription par l'Immaculée Conception, la Dame de Bernadette, la Dame et Comtesse suzeraine de Lourdes et de Bigorre.

Oh ! évidemment, c'est une singulière coïncidence, comme l'écrivait un historien, devant cette curieuse rencontre des droits politiques de la reine du Ciel sur Lourdes, avant les apparitions.

Nous ne croyons pas aux coïncidences, qui ne sont qu'un effet du hasard aveugle; mais nous croyons en Dieu sans qui rien n'arrive, et qui gouverne les événements les plus minces comme les plus considérables, car tout est également petit devant Lui.

Mais poursuivons nos observations.

Après les ordonnances de juillet 1830, le gouvernement de la Restauration fit place à la monarchie constitutionnelle de Louis-Philippe; et nous n'étonnerons personne en disant que le nouveau régime ne songea pas à remettre en vigueur les clauses du contrat d'échange de 1307. Par une sorte de conséquence du nouvel état d'esprit de la France, l'hommage de Lourdes au Puy ne fut pas renouvelé. Il disparut avec le régime qui en avait encouragé la reprise.

Et alors? Alors, le temps passa, amenant il est vrai, les grandes journées des pèlerinages jubilaires de 1842 et 1853; — de ce dernier surtout où, nous le savons, on décompta trois cent mille pèlerins, et au cours duquel Mgr de Morlhon se déclarait le plus heureux des Evêques de France, et peut-être même de toute l'Eglise. Mais rien ne nous permet de dire que le fief pyrénéen de Notre-Dame du Puy, y fut officiellement représenté, près de Celle qui était pourtant et toujours, sa Dame et Comtesse suzeraine.

Elle l'était toujours; mais en 1859 ou en 1860 au plus tard, il y aurait trente ans que les enfants de Lourdes seraient venus pour la dernière fois apporter leur hommage à leur Dame !

Les droits suzerains de la Vierge allaient-ils donc être prescrits ?

Oh ! sans doute, les prescriptions de la terre sont vaines au Ciel; et la Vierge Marie n'avait pas besoin de défendre ses droits pour être « la plus noble Dame qui fut jamais », comme il est dit à la charte apocryphe; ou pour être « partout chez Elle », comme me l'observait l'ecclésiastique dont j'ai parlé en racontant la genèse de cet ouvrage ! Enfin, il est bien sûr que la couronne de comtesse sur son front, n'y ajoute aucune grandeur : Elle ne la portait point, au jour de ses apparitions.

Il est pourtant cher à nos cœurs de penser que la Vierge a aimé ce lieu terrestre qu'Elle doit à la piété de Charlemagne et du comte Bernard, et qu'Elle n'a pas voulu le laisser périr au regard des lois de la terre.

C'est à la dernière heure, mais c'est en temps utile, qu'elle est elle-même intervenue à Lourdes, pour faire obstacle à la prescription imminente, et y réclamer avec l'hommage de ses vassaux fidèles, celui du monde !

L'hommage du monde? Eh bien! oui; et n'était-ce pas déjà, si je puis me permettre cette formule familière, dont je m'excuse, n'était-ce pas déjà comme sa spécialité, sous le nom de Notre-Dame d'Anis? Les Espagnols ne la révèrent-ils pas toujours sous ce vocable de « leur Dame de France », dans la cathédrale de Valence? Les Italiens, les Grecs, les Anglais, les Belges, les Allemands, ne venaient-ils pas aux grands pardons, avec ceux de France, pour honorer la Vierge d'Anis? En vérité, cet appel à l'univers catholique ne la désigne-t-il pas à sa vieille fidélité, pour qu'il la reconnaisse à ce signe : *Mater omnium*. — « La Mère de tous ».

« Pour les dévots de la Vierge du Puy *Virgo Aniciensis*, Elle était par excellence, dit M. Hanoteaux, dans son beau livre sur Jeanne d'Arc, « la Vierge annoncée » et aussi la Vierge « de la Miséricorde », celle qui s'interposait entre la justice divine et l'humanité pécheresse, pour sauver celle-ci en la couvrant de son manteau. » Et il explique : « Un témoignage singulièrement émouvant de ces temps... a subsisté. Le musée du Puy a conservé un tableau célèbre, où selon un motif traditionnel, la sainte Vierge est représentée en Vierge de Miséricorde : *Mater omnium*. »

L'éminent écrivain décrit ce tableau où l'on voit effectivement, la Vierge couvrant de son royal manteau doublé d'hermine, toute la chrétienté, représentée par ses chefs religieux.

Dès lors, Elle devait bien défendre, l'Immaculée, le petit royaume et la couronne qu'elle avait reçus jadis du grand Empereur, inspiré par Dieu, et que la confiance des peuples ne demandait qu'à lui rendre avec leur amour. — Petit royaume, d'où devait, nous le répétons, souverainement retentir sur l'univers, son appel... au monde : *Mater omnium.*

Pénétrons d'ailleurs davantage dans l'intime de la merveilleuse histoire.

C'est à une petite fille infiniment pure, être de douceur et d'obéissance, à Bernadette Soubirous, qu'elle se révèle; et quand, enfin, comme vaincue par les objurgations de l'enfant, Elle lui dit son nom, — lequel choisit-elle? Celui qu'en réalité, toutes les nations fidèles du sanctuaire d'Anis, lui donnaient depuis toujours, sous les expressions variées de leur amour : la Vierge très pure; la Vierge sans tache; la Vierge angélique; la Vierge annoncée aux hommes pour leur salut; la Vierge rédemptrice parce qu'immaculée; le nom que lui donneront désormais avec un droit égal, en la visitant dans son petit royaume de la terre, dans son fief de Lourdes, tous les peuples de l'univers : « l'Immaculée Conception ». Car il appartient à tous au même titre, ce nom de leur Mère commune, et tous ont un même droit à l'en glorifier.

Mais du moins, en quel lieu privilégié, déjà sacré sans doute, ont-ils donc lieu, ces impressionnants colloques de la Vierge et de l'Enfant ?

Point de lieu privilégié; point de lieu sacré : un coin sauvage que connaissent seuls les pauvres gens qui vont y recueillir des morceaux de bois mort, apportés par le Gave sur la plage minuscule de Massabielle : une grotte au pied d'un mamelon rocheux !

Etrange choix en vérité ! et dont souriront sans doute les esprits supérieurs !

Non : les esprits supérieurs n'y entendent rien du tout : ils sont trop occupés à se contempler eux-mêmes : ils ne veulent plus s'intéresser aux choses de Lourdes : ce sont les humbles qui comprennent.

Ils comprennent que la colline de Massabielle est située en face de celle, sur laquelle est construite la citadelle de Lourdes, — là où, jadis, s'éployait la bannière de la Vierge souveraine, un jour et une nuit tous les ans, et de cinquantaine en cinquantaine, à la garde d'un délégué du Chapitre d'Anis !

Ils comprennent qu'on l'a dépouillée de cette ancienne demeure, et qu'Elle en veut une autre... une autre en face de la première, et dont la flèche élancée rivalisera dans le ciel la plus haute tour de son château d'autrefois.

Coïncidence? — Elles se multiplient, les coïncidences!

Mais ne serait-ce pas le clergé qui aurait imaginé cet impressionnant vis-à-vis du vieux fort de Mirambel et de la nouvelle « maison forte », que l'Immaculée a demandée pour la défense de l'Eglise, et d'où la victorieuse affirmera sa souveraineté par des bienfaits, et la conquête des âmes à la foi du Christ... son Fils?

Non : le clergé n'y est pour rien. Il a même été lent à convaincre : et dans tous les cas, la Dame de Bernadette n'entendait précisément pas laisser à ceux auxquels Elle commandait, le choix de l'emplacement de sa future chapelle. — « Allez dire aux prêtres qu'il doit se bâtir ici une chapelle », rapporte l'enfant après la onzième apparition. Et après la quatorzième, fidèle à transmettre son message, Bernadette insiste : « Elle m'a chargée de vous répéter qu'Elle désire avoir une chapelle à *Massabielle,* et de plus Elle a ajouté : Je veux qu'on y vienne en procession. »

Ainsi, c'est bien ici et non ailleurs, qu'Elle ordonne la construction de sa demeure sacrée; et Elle commande en souveraine : Elle veut et Elle ordonne.

Le vénérable curé de Lourdes ne s'y trompe pas; et avec sa rude franchise, non encore convaincue: « Où sont, dit-il, ses titres aux honneurs qu'Elle réclame? » même il la raille d'ignorer que l'Evêque seul peut autoriser les processions demandées.

Et c'est Bernadette qui défend sa Dame, et explique à son curé, le sens de ses paroles, car dans son cœur fidèle, Celle qu'elle aime ne peut pas avoir tort, et cela lui fait mal, qu'on la critique.

Mais lui, le curé de Lourdes, ne sait pas encore que Celle qui commande est la reine du Ciel, et que sur la terre, Elle est bien exactement en effet, la Dame de Lourdes, la souveraine du petit Etat qu'Elle vient réclamer et reprendre! Il ne sait pas qu'Elle est chez Elle et qu'Elle se prépare à y appeler tous ceux qui souffrent et tous ceux qui pleurent, — tous ceux qui viendront demander avec un cœur pur, à son cœur de Mère, ou de les guérir, ou de les consoler.

Mais il faut en finir; et nous laissons aux méditations du lecteur, le soin de compléter ce chapitre, après toutefois avoir observé que le peuple chrétien ne s'y est pas trompé.

Sans doute a-t-il donné à la Dame de Massabielle le nom qu'Elle a Elle-même préféré parmi tous les titres qu'Elle pouvait choisir; mais son cœur n'a pu se détacher du titre que Bernadette lui avait donné instinctivement : « La Dame ! », la Dame suzeraine qui donnait ses ordres aux prêtres par la voix de son humble ambassadrice; la Dame Bigourdane qui parlait à l'enfant le patois de son pays : Notre-Dame de Lourdes.

Bordeaux, le 8 décembre 1925,
fête de l'Immaculée Conception.

TABLE DES MATIÈRES

0-614 AVIGNON, IMP. AUBANEL FRÈRES 1926

IMPRIMERIE
AUBANEL Frères
AVIGNON

BIBLIOTHEQUE NATIONALE DE FRANCE
3 7531 02918879 5

www.ingramcontent.com/pod-product-compliance
Ingram Content Group UK Ltd.
Pitfield, Milton Keynes, MK11 3LW, UK
UKHW022017170726
13837UKWH00001B/247

9 782329 201269